TÜNELDEKİ IŞIK

ANNEM AYŞEGÜL BETİL
BABAM TİMUR SELÇUK'A
MİNNETLE…

TÜNELDEKİ IŞIK

DEPRESYON VE
KAYGIYI
AYDINLATMAK

HAZAL SELÇUK

LEAP FROG PRESS

TÜNELDEKİ IŞIK
Depresyon ve Kaygıyı Aydınlatmak

Editör:
Rengin Soysal

Yayınevi:
Leap Frog Press
321 S. Main St. #77
Sebastopol, CA 95472

hazalselcuk.net

İÇİNDEKİLER

EGZERSİZLER

 ***Egzersizlerin yanında çiçek ikonu vardır...***

*Kısa olan egzersizleri okuyarak yapabilirsiniz.
Uzun olanların sesli kayıtlarına dilerseniz aşağıdaki
bağlantıdan ulaşabilirsiniz:*

hazalselcuk.net/tunel

GİRİŞ

Depresyon veya anksiyete sonu görünmeyen karanlık bir tünelde sıkışıp kalmak gibi algılanabilir. Bu boğucu karanlıktan çıkmayı arzularken, doğal olarak tünelin sonundaki ışığı görmeyi ümit ederiz.

Bu kitap tünel metaforuna farklı bir bakış açısıyla yaklaşıyor. Gelecekte bir gün bir ışığa kavuşmayı ummak yerine, ışığı tünelin içine nasıl getirebileceğimizi, bunaltıcı depresyon veya kaygı hallerini nasıl aydınlatabileceğimizi anlatıyor. Sıkıştığımızı düşündüğümüz yerden kendimizi daha iyi hissederek ve daha iyi anlayarak nasıl çıkabileceğimizle ilgili bir sohbet alanı oluşturmayı hedefliyor.

Gündelik hayatımızda birçok sıkıntıyla mücadele ediyoruz. Kişisel zorlukların yanı sıra toplumsal ve küresel sorunlarla da karşı karşıyayız.

Sosyal adaletsizlik, savaş, iklim değişikliği, pandemi, azalan iş fırsatları, doğadan uzaklaşmak bunlardan bazıları.

Ağır yaşam şartlarının bedelini en başta sinir sistemimizin strese toleransının azalmasıyla ödüyoruz. Böyle çok çeşitli zorluklarla uğraştığımızda kolayca endişeli, sinirli, umutsuz olabiliyor, bitkin düşebiliyoruz. Çıkış yolu yokmuş, kapana kısılmışız gibi bir çaresizlik duygusuna kapılabiliyor, kendimizi mağdur veya güçsüz hissedebiliyoruz.

Can havliyle rahatlamaya çalışıyoruz, ancak bu sefer de içimizdeki kaygıyı artıracak, çaresizlik duygumuzu pekiştirecek, hatta kendimize zarar verecek davranışlarda bulunabiliyoruz. Çok bunaldığımız anlarda, belki de artık hiçbir zaman hayatımızın kontrolünü elimize alamayacağımızdan endişe edip, çözümü nerede arayacağımıza karar veremiyoruz.

Çözümün ilk adımı içinde bulunduğumuz duruma netlik kazandırmaktır. Bir durumu anladığımızda, olan bitenin adını koyduğumuzda mücadele gücümüz artar. Zorluklara rağmen kendimizle ve yaşadıklarımızla nasıl ilişki kurduğumuz, olayların üzerimizdeki etkisini değiştirecektir.

Klinik Bakış Açısı

Bu kitap, öncelikle depresyon ve anksiyeteyi (bundan sonra yoğun kaygı/endişe olarak da adlandıracağım) yaşam enerjisinin yönünün yaşanan ağır olaylar sonucunda sapması olarak, alternatif bir klinik bakış açısıyla tanımlayarak başlıyor.

Yaşam enerjisi terimini sinir sistemindeki enerji yoğunluğu ve aktivasyon düzeyinin anbean bedensel, zihinsel ve duygusal işleyişimizi nasıl etkilediğini tarif etmek amacıyla kullanıyorum. Bu enerjinin hareketini takip etmek özellikle travma sonucu oluşmuş depresyon ve aşırı kaygı belirtilerine daha güçlü bir ışık tutacaktır.

Yaşam enerjisinin hareketini nasıl tanıyacağımızı, depresyon, aşırı kaygı veya yoğun duygusal hallerle başa çıkma kapasitemizi nasıl artırabileceğimizi travma iyileşmesi kapsamında psikoloji biliminin sağladığı perspektifle inceleyeceğiz.

Verilen bilgileri içselleştirmenin iyi bir başlangıç olacağından şüphem yok. Kitap boyunca okuyacaklarınız ancak devam eden merak ve deneyimle beslenerek içimizde anlam bulduğunda dönüşüm sistemimize nüfuz etmeye başlar.

Dışarıdan gelen bilgi, dümenin yönünü nereye kıracağımızı, ne zaman, nerede yelken açacağımızı netleştirmemizi sağlar. Böylece eğer rotadan çıkarsak gideceğimiz yönü yeniden saptayabiliriz.

Analitik bilgi kişiye kendini deneyimlemesi için yön ve cesaret verir. Asıl olan deneyimdir çünkü kendimizi deneyimlediğimizde bilgiye içimizden varırız.

Tüneldeki Işık gerek dışımızdan gerek içimizden gelen bilgiye ulaşmak üzerine bir sohbet niteliği taşıyor.

Sanatsal Bakış Açısı

Genellikle bir sanatsal etkinliğe eğlence veya dinlence fırsatı olarak yaklaşılır. Sunulan sanat eserini izlemek ya da dinlemek bizi dinlendirir, eğlendirir bazen de zenginleştirir. Ancak seyirci konumundan üreten konumuna geçersek sanata başka bir boyut eklenir. Kendini sanatsal bir eylemle ortaya koymak daha kırılgan ve zahmetli bir süreç olabilir.

Sanatı sanatçılara ya da yetenekli insanlara bırakan, yeteneği olmadığına kendini inandırmış kişiler sanatın sunabileceği iyileştirme ve dönüştürme olanaklarının onları kapsamadığı kanısıyla seyirci koltuğunda kalmayı tercih edebilirler.

Öncelikle bu bölümde verilen bilgileri içselleştirmek için sanatçı olmanıza gerek olmadığını vurgulamak isterim.

Bu kitap kendini geliştirmek ve gönül ağrısına çare aramak isteyen herkes için yazıldı.

Sanatsal bakış açısı öncelikle yaratım sürecinin kendisini araştırmak ve içinden çıkılması zor duygusal hallere sanatın getirebileceği bilinçli yaklaşımın tadına bakmayı kolaylaştırmayı hedefliyor. Sanatsal bir üretim yapmak, onu paylaşmak, bu işi alkışlamak ya da eleştirmek ise bu kitabın konusu değil.

Bu yüzden sanatçı değilseniz ya da sanata yeteneğiniz olmadığını düşünüyorsanız içiniz rahat etsin. *Tüneldeki Işık'ın* bütün bölümlerinde üzerinde esas duracağımız, sürecin kendisi olacak. Bu sürecin sanatçı olsanız da olmasanız da beslenebileceğiniz en derin ve faydalı kaynak olduğuna inanıyorum.

İşte bu niyetle klinik bakış açısının ardından depresyonu ve aşırı kaygıyı sanatsal bir mercekten bakarak değişik sembollerle tarif etmenin açabileceği yeni kapıları aralayacağız.

Sanatsal bakış açısıyla depresyonun ve aşırı kaygının özden gelen çığlığı yansıtan belirtiler olduğu görüşünü savunuyorum. Bunu, sanki bir canlının hayati tehlike karşısında attığı yardım çığlığına benzetirim. Yine depresyonu ve kaygıyı, bize yaşam amacımız ve kim olduğumuz hakkında anlamlı mesajlar iletebilecek, ruhumuzdan gelen ve bizi kendi derinliğimize yönlendirebilecek sinyaller olarak tarif edeceğim.

Elbette, "ruh"un tanımı öznel, doğrusal değildir ve karmaşıktır. Ruh kavramını her insan kendine göre tanımlayabilir. Siz de hemen şu anda kendinize sorun: Ruh kavramını nasıl tanımlıyorsunuz?

Ben deneyeyim: Ruhu merkezim olarak algılıyorum; kendimi bildiğimden beri benimle olan öz. Bu öz ben üç yaşındayken de şimdi de aynı.

"Yedisinde neyse yetmişinde odur" sözü bana insanın değiştiremeyeceğini zannettiği davranış özelliklerini değil de insanın özüne atıf yapan bir anlamı çağrıştırıyor.

Bu saf öz, beni kendimden daha büyük bir zekâya bağlıyor. Gözlerimi kapattığımda kişiliğimden, mesleğimden veya kimliğimi oluşturan diğer unsurlardan daha büyük bir olguyla temasa geçiyorum sanki. İçimdeki bu merkezin zamansız ve sezgisel bir boyutu var.

Müzik, tiyatro, hareket, çizim içeren; başlangıç, gelişme ve sonuç doğrusunu izlemeden daha özgür ilerleyen sanatsal yollarla depresyon veya kaygının gerisindeki, özden gelen çığlığı duymanın ve bu yakarışla çalışmanın çeşitli yollarından bahsediyorum elinizdeki kitapta. Size kendinizle sohbet etmenin değişik ve yaratıcı yollarını öneriyorum.

Benim Yolculuğum

Depresyon ve kaygı konusuna neden bu iki bakış açısıyla, klinik ve sanatsal bakış açısıyla, yaklaşıyorum? Bu birçok yönden kendi yolculuğumun bir yansıması.

Üç kuşak sanatçı bir aileden geliyorum. Sanatçılar arasında yetişmiş olmamın doğal sonucu olsa gerek, ben de sanata gönül verdim. Yine bu yüzden sahne üzerindeki sihirli anları da sahne arkasındaki gerginliği de yakından bilirim.

Bir sanatçı olarak hayatını kazanmanın zorlukları, sadece inandığın işleri yapmanın getirebileceği yalnızlık, pazarlama ve kendini tanıtma mecburiyetinin sanatçı ruhuna verebileceği ağırlık, telif meseleleriyle uğraşmanın sıkıntısı, politik zorluklar bir çırpıda sayabileceğim güçlükler.

Önceleri bütün bunların Türkiye'de yaşamaya özgü kuşaktan kuşağa süregelen sorunlar olduğuna inanıyordum. Ama yurtdışında yaşadıkça ve dünyanın pek çok yerinden sanatçılarla temas ettikçe bu problemlerin birçoğunun dünyaya ait olduğunu gördüm.

Aynı zamanda hem prova sürecinde hem performans sırasında yaşanan, insanı insan yapan o özel anları da iyi biliyorum. Bundan kastettiğim üretmenin, kendi bedenini sesini kullanarak ince duygu ve düşünceleri hem ifade etmenin hem de seyirciyle paylaşmanın getirdiği o özel buluşma anları.

Şarkı söyleyen, dans etmiş, oyunculuk yapmış, özgün oyunlar üretmiş, disiplinler arası çalışmış bir performans sanatçısı olarak sanatın iyileştirici gücünü birçok sanat alanında bizzat deneyimledim. Ses çalışmasıyla olduğu kadar hareket çalışmasıyla, oyunculukla, oyun oluşturma sürecinde, yazıda ve hiç yeteneğim olmasa da resimde. Bütün dallar aslında aynı yöne işaret etti: Özle temasa.

Yaratıcı süreç sırasında ve sahnedeyken sakin ve güvende hissediyordum kendimi. Kalbim iletişime tamamen açıktı. Sahne dışındayken, stüdyoda çalışmak ve sahnede yaşadığım o açıklığa hazırlanmak istiyordum.

Zaman içinde, sahnede veya stüdyoda değilsem kendime de başkalarına da yeterince açık olmadığımı fark ettim. Sanki yalnızca stüdyoda ya da sahnedeyken tamamen açık, rahat ve mutlu olabiliyordum. Gündelik hayatımı adeta sahnede olmaya bir hazırlıkmış gibi, "gerçek olan" sadece sahnede sergilediklerimden, hissettiklerimden ibaretmiş gibi yaşıyordum.

Bir süre sonra gündelik yaşantımın sahnede ve stüdyoda hissettiğim açıklığı daha fazla içermesini dilediğimi anladım. O zamanlar "sıradan" diye nitelendirdiğim günlük yaşamımda daha fazla kendim gibi olabilmek, kendimle ve başkalarıyla daha fazla duygusal açıklık, kendiliğindenlik, yaratıcılık deneyimlemek, merak duygusu ve sevgiyle daha çok bağlantı kurmak istediğimi fark ettim.

Dünyanın dört bir yanında sanatlarında eşsiz güzellikler yaratabilmelerine rağmen, özel yaşamlarında duygusal denge kurmakta zorlanmış birçok ünlü sanatçı ismi sayabiliriz. Gerek ünlü gerek tanınmamış ancak sanatlarını bir şifa ve gelişim aracı olarak yaşayan sanatçılar da var elbette.

Yıllar geçtikçe kimi yakınlarımın ve dostlarımın depresyon veya yoğun endişe içinde olduklarına tanık oldum. Bu kişilerin ortak noktası, işlerinde çok güzel ve başarılı örnekler ortaya koymalarına karşın ne kadar acı çektikleri ve destek istemenin veya almanın onlar için ne kadar zor olduğuydu.

Tüneldeki Işık sevdiklerimin sıkıntılı hallerini gördüğümde hissettiğim keder ve çaresizliğe bir merhem olma ihtiyacından doğdu. Umarım şimdi ihtiyacı olan herkesi ferahlatır.

Sanatı ve Terapiyi Birleştirmek

Uzun yıllar önce depresif olmaya eğilimli bir sinir sistemim vardı. Klinik depresyon yaşamadım ama yine de duyduğum umutsuzluk çok hırpalayıcıydı. Süreç içinde fark ettim ki kendi kendimle kalmamın bana iyi gelen ve sağlıklı yöntemlerini bulduğumda depresif halim hafifliyordu.

Bunu en kolay yine sanat yoluyla başarabildiğimi gördüm. Beğenilme kaygısı olmadan şarkı söyleyebildim; tiyatro, resim, dans ve hareket çalışmaları yaptım. Hepsinden önemlisi de doğada vakit geçirdiğimde yeniden yaşam enerjisiyle bağlantı kurduğumu fark ettim.

Sonuç olarak diyebilirim ki son on beş yıldır yaşadığım hiçbir sıkıntı depresyona dönüşmedi. Kendimi umutsuz hissettiğimde artık durabiliyor, kendimle sohbet edebiliyor ve seçim yapabiliyorum.

Sanat yapma süreci bana önce kendimle olabilmeyi ve daha sonra terapist olma yolculuğunu hediye etti. Başka sanatçılar, öğrenciler, daha sonra hastalar ve danışanlarla çalıştıkça tekrar tekrar şuna şahit oldum:

İnsan gönlünün en büyük ihtiyacı ve özlemi bağ kurmaktır. Bu nedenle kişinin kendisiyle, bir amaçla ya da özellikle çocuklukta ona bakan kişilerle deneyimlediği bağ eksikliği yaşam enerjisini ve yaşam kalitesini etkiler. Çocuk yaşlarda temeli atılmış bağ eksikliklerinin acı veren yaralarının sızısı uzun yıllara yayılabilir.

Ancak eksiklikler de hayatın bir parçasıdır. Ve yaşadığımız olumsuz olaylar, hayat boyu onların etkisi altında kalacağımız anlamına gelmez. Tam tersi, bir zamanlar derdimiz olan şey bir başka zaman nimetimiz olabilir.

Yıllar önce bir öğrencim bana onu içinde saklandığı tünelden çıkaracak birine ihtiyacı olduğunu söylemişti. Kendi olabilmek istediğini ancak kendisi gibi olmanın onu çok korkuttuğunu anlatmıştı.

Söylediklerini biraz daha açmasını rica ettiğimde rahat rahat gülmek, ağlamak ve öfkelenmek istediğini, düşündüklerini korkmadan söylemeyi hayal ettiğini söylemişti. Çocukluğunda izlediği bir çizgi filmdeki kollarını gökyüzüne açıp, coşkuyla bayır aşağı koşan karakter gibi kendini özgür hissetmeyi istediğinden bahsetmişti. Sonra bana sormuştu:

"Kollarımı korkmadan gökyüzüne açmam için bana yardım eder misiniz?" Bu tema üzerinde çalışmaya başlamış ve bir yıl sonra bu çalışma onun kollarını korkmadan açabildiği bir tiyatro oyununa dönüşmüştü.

Bunun gibi pek çok kişisel hikâyeden beslenerek *Tüneldeki Işık* kendinizle nasıl yaratıcı sohbetler yapabileceğiniz konusunda size rehberlik etme düşüncesiyle yazıldı. Bir sohbette karşılıklı konuşan ve dinleyen iki taraf vardır. Bu kitabın hedefi de hem anlatan hem dinleyen olmayı deneyimlemeniz için size alan açmak.

Benim kişisel görüşüme göre depresyon ve kaygı belirtileri ruhtan gelen mesajları taşımaları nedeniyle korkulacak ya da utanılacak şeyler değildir. Duyduğunuz acı ya da rahatsızlık aslında sizi durmaya ve dinlemeye davet eder. Kendinizle yaratıcı sohbetler yapmaya alışık değilseniz, bu iki hal size sonsuz bir tünelde kaybolmak gibi gelebilir. Yazdıklarım böyle hallerde yolunuzu görmenize ve ilerlemenize yardımcı olacak bir ışık tutmayı amaçlıyor.

Şimdi sorum şu: Kendinize kulak vermeye, iç sesinizi dinlemeye hazır mısınız?

Kitabın sanatsal bakış açısı ve dikkati irdeleyen bölümlerinde, bahsettiğim kavramları netleştirmek üzere hazırladığım bazı egzersizler de bulacaksınız. Çalışmaları okuyarak hatta dilerseniz bazılarını kayıtlarını da dinleyerek uygulayabilir, okuduklarınızı kendi deneyiminizle birleştirmeye hemen başlayabilirsiniz.

Ayrıca son bölümde depresyon ve anksiyete belirtileriyle çalışmak amacıyla tasarlamış olduğum 21 günlük bir başka uygulamalı programdan söz ediyorum. Eğer kitapta okuduklarınız ve deneyimlediğiniz çalışma şeklinden memnun kalırsanız, size 21 gün boyunca rehberlik edecek bu kapsamlı programa da ulaşabilirsiniz.

Sanat endüstrisi insanlara şifa sağlamak üzere kurulmuş bir sektör değildir. Ancak sanatla uğraşma sürecinin kendisi iyileştirici olabilir. Sanat insanı yargılamadan, onu kendi derinliklerini keşfetmeye ve kendini ifade etme özgürlüğüne teşvik eder. Kendini bilmenin sezgisel yollarından yürüyebilmesi için kişiye alan açar.

Buna karşılık Batı Psikolojisi insan ıstırabını ele almada çoğunlukla analitik ve tıbbi yaklaşımlardan yararlanır. Bunlar semptomları daha iyi görmek ve anlamak bakımından gerçekten faydalı kaynaklardır.

Birlikte ele alındığında, sanat ve psikoloji, doğrusal olmayan ve doğrusal, sezgisel ve analitik çerçeveler, şifa için güçlü bir kombinasyon sunarlar. Sanatın sezgisel olarak hissedilen duygu ve hayal etme temelli ifade biçimi ile psikoloji biliminin analitik yaklaşımı birlikte insan kalbinin, zihninin ve ruhunun gizemine biraz daha güçlü bir ışık tutabilir.

Özetle, okuyacağınız kitap bu konuları ele alıyor. Hem sanatın hem de psikolojinin gücü kendi yaşamıma işlediğinden, *Tüneldeki Işık*'ta klinik ve sanatsal kavramları size bir arada sunmayı amaçladım.

1. BÖLÜM

DEPRESYON VE ANKSİYETENİN KATMANLARI

"Hayatın bir anlamı yok.
Bunu söyledikten sonra ufacık bir fısıltı duyuyorum:
Bir ihtimal, yanılıyor olabilir miyim?"
—BİR DANIŞANIN İLK SEANSTAKİ İLK CÜMLELERİ

Depresyon belirtileri veya kaygı hissettiğimizde bu ruh halinden kurtulmak isteriz. Böyle hissetmek doğaldır. Kimimiz hemen ilaca başvururken, bir diğerimiz belki bir arkadaşını aramayı yahut bir terapiste gitmeyi tercih edecek, bazılarımız da yiyip içerek avunmaya çalışacaktır. Hangi seçenek seçilmiş olursa olsun hepsinde amaç o halden bir an önce kurtulmaktır. Bir an önce normale dönmek isteriz.

Ancak içimizden çok azı "normal"imizde neyin depresyona veya kaygıya yol açmış olabileceğini sorgular. Nadiren depresif veya endişeli durumdan kurtulmaya çabalamadan ya da kendimizi uyuşturmadan kendimizle olabiliriz.

Depresyon ve Anksiyete nedir?

Mental rahatsızlıkların tümünü belirtileriyle listeleyen ve DSM (The Diagnostic and Statistical Manual of Mental Disorders/Ruhsal Bozuklukların Tanısal ve İstatiksel El Kitabı) olarak adlandırılan el kitabına göre Majör Depresyon iki hafta boyunca belli semptomların devam etmesiyle tanımlanır.

Öncelikle çökkünlük, yaşama dahil olmada belirgin isteksizlik sonra da iştah ve uyku değişiklikleri gibi biyolojik değişiklikler kişinin günlük hayatını sürdürmesini zorlaştırıyor veya olanak vermiyorsa mutlaka bir psikiyatra başvurmak gerekir. Bedensel hastalıkların ve ilaçların yan etkileri de bazen depresyon belirtileriyle kendini gösterebilir. Bu yüzden kişinin fiziksel muayeneden geçmesi de önemlidir.

Yaygın Anksiyete Bozukluğunda sürekli ve aşırı endişe, dikkat dağınıklığı ve yine biyolojik değişiklikler gözlemlenir. Burada tanı için gereken süre, belirtilerin en az altı ay boyunca devam etmesidir.

Depresyon ve anksiyetenin ağır seyirleri ilaç kullanmayı gerektirir. İlaç yardımıyla beyin kimyasını düzenlemek, kişinin terapiye başlayabilmesine ve terapi sürecini sürdürmesine büyük katkı sağlar. Medikal bakış açısı depresyon ve anksiyeteyi genetik, çevresel ve fizyolojik faktörlerin birleşiminden oluşan hastalıklar olarak açıklar.

Depresyon ve anksiyeteyi anlamlandıran ve benim burada üzerinde yoğunlaşmayı tercih ettiğim anlatı ise travma iyileşmesi kapsamında geliştirilmiş yaklaşımlardır.

Bundan sonra okuyacaklarınız eğer dikkatinizi okuduklarınıza verebilirseniz, sıkıntınız hangi düzeyde olursa olsun size bir çıkış yolu göstereceğini düşündüğüm paylaşımlar olacak.

Bu bölümü okurken bilgileri sindirmek için kendinize zaman tanımanızı öneririm. Eğer duygusal bir reaksiyon verirseniz, öfke, gözlerinizin dolması gibi, durun, okumayı bırakın ve devam etmek için bir süre bekleyin. Önemli olan sadece bilgiler değil, aynı zamanda bilgilerin sizin içinizde uyandırdığı duygulardır.

Travma iyileşmesi odaklı bakış açısı, dikkat doğru yönlendirildiğinde, sinir sisteminin anbean şifayla kendiliğinden bağlantı kurabilen bir mekanizma olduğunu öne sürer ve sinir sistemindeki enerji seviyelerine odaklanarak depresyon ve anksiyeteyi anlamlandırır.

İlk olarak kısaca sinir sistemimizdeki farklı enerji seviyeleri açısından depresyon ve aşırı kaygı durumuna bir bakalım.

Depresyon düşük enerji ve yavaş harekete karşılık gelir. Anksiyete yön veya organizasyondan yoksundur ve taşan yüksek enerjiye sahiptir. Bunlar, enerji doğrusunun zıt uçlarında, birbiriyle ilişkili, organizmanın aşırı stresi yönetmek amacıyla verdiği iki farklı tepkidir.

Depresyonu ve yoğun endişeyi kısaca, tehlike karşısında sistemimizin (beden, zihin ve duygusal işleyişimizin) hayatta kalma mücadelesi olarak da tarif edebiliriz.

Duygusal bakımdan ağır olaylar sinir sistemimiz üzerinde etki bırakır. Eğer yeterince destek bulamıyorsak bu yoğunlukla baş etmeye çalışan sistemimiz içinde yaşam enerjisi iki olası yöne gidebilir:

Depresyon ve Endişe. Depresyonda enerji bastırılır ve donar. Endişede enerji çoğalır ve dağılır.

Bunlar bir madalyonun iki yüzü gibidir. Rahatlamaya çalışan sinir sistemi panik durumlarında veya depresyonda sıkışır. İnsan bazen bu iki uç arasında bir sarkaç gibi ileri geri sallanabilir.

Bir madalyonun iki yüzü olarak, depresyon ve yoğun endişe bir arada da var olabilir. Sinir sistemi stresle baş etmeye çalışırken kişi bir halden diğerine savrulabilir.

İşte depresyonun seslerinden bazıları:

"Okyanusta o kadar derine battım ki neredeyse nefes alamıyorum."

"Yer yarılsa içine girsem, o zaman kimseye yük olmam."

"Kendimden nefret ediyorum."

"Hiçbir şey yapmak istemiyorum. Tembelim. Tek sebep bu."

"Sanki bacağım karıncalanmış gibi, ama aslında karıncalanan ruhum."

Depresyon içsel bir hal olarak deneyimlenir. Ancak ne olduğunu anlamak için ona daha yakından bakmamız gerekir.

Depresif bir durum motivasyonu veya eylem duygusunu bastırır. Bir şeyi istemek ya da istediğimiz şeye yönelmek konusunda ihtiyaç duyduğumuz ileri adım atma dürtüsünü engeller. Bu tutum tek bir sonuca varan olumsuz düşünceler üretir:

"Yapamam... Benden geçti."

İçimizdeki yaşam enerjisiyle bağlantı kuramadığımızda "Yapabilirim!" duygusunu körükleyen düşünceleri deneyimlemek neredeyse imkânsızlaşır.

Süreç genellikle sanki omzumuzda oturan olumsuz yargılarda bulunan bir yargıçla yaşamak gibidir. Yargıç daima imkânsızlıklara işaret eder, hep bir suçlu ve hatalı arar.

Bu yargıç gibi konuşan bir arkadaşımız olsa onu ya susturmak ister ya da daha büyük olasılıkla hemen bulunduğumuz yerden ayrılırız. Ancak, bilinç dışında oturan bu yargıç farkına varmadığımız takdirde üzerimizde çok fazla güce sahiptir. Bize şuna benzer sözler söyler:

"Sen iyi hiçbir şeyi hak etmiyorsun..."
"Sen asla yapamazsın..."
"Salak! Hayatını boşa harcadın..."
"Bu hayatta kimseye güvenmeyeceksin..."
"Artık yaşamanın tadı yok..."

Bir danışanım depresyonu şöyle tarif ediyor:

"Sanki gökyüzünü kaplayan kara bulutlardan güneş görünmez olmuş. Bu karanlıkta sıkışmış, kapana kısılmış gibi hissetsem de kendimi umursamaya enerjim yok. Sanki bir daha asla güneşi göremeyecekmişim gibi. Ve bütün bunların üzerine hâlâ devamlı kendimi suçluyor ve yargılıyorum..."

Bu noktada pek çok kişi yargıcın sesiyle özdeşleşerek kendini ve çevresini içindeki güçsüzlük duygusunu pekiştirecek şekilde suçlamaya devam eder. Bu zaten var olan çökkünlük haline daha da fazla yük bindirir.

Aslında olan şu ki, depresyon sizi daha derin duygusal katmanları hissetmekten korumaya çalışır. İfade edemediğiniz duygularınız içinizde biriktikçe sisteminiz bu ağırlığı taşıyamayacak raddeye gelir.

Bu ezici baskıdan dolayı sisteminiz yaşam enerjinizi korumak için bir "şalter kapatma" modu devreye sokar. Depresyon yaşam enerjisini bastırarak gerçek duygularınızla bağlantı kurmanızı engelleyen bir işlev görür. Bu olur çünkü sistem bunun hayat kurtarıcı olduğuna inanmaktadır.

Ancak bu yöntemin uzun vadede bir bedeli vardır. Düşündüklerimize onları sorgulamadan inanıp, çökkün içsel halimizi tek gerçeklik olarak kabul ettikçe kendimizi farkında olmadan daha fazla tünelin içine hapsetmeye devam edebiliriz.

Anksiyete (Sürekli Kaygı) Deneyimi

Sürekli kaygı korkunun yön bulamamış yankısıdır. İşte kaygının seslerinden bazıları:

"İçimde sesini kapatamadığım, devamlı aynı notayı çalan bir elektro gitar var."

"Dinlenmeye asla vakit ayırmıyorum, her zaman çok endişeliyim. Kendimi bırakırsam kötü bir şey olacak gibi geliyor."

"İnsanların beni tanıdıktan sonra benden nefret edeceklerinden korkuyorum."

"Bir şeylerin ters gideceğinden eminim."

"Arkamda yaslanabileceğim kimse yok, başıma bir şey gelse yapayalnızım."

"Yanlış karar vermekten korkuyorum, bu yüzden seçim yapamıyorum."

Süregiden aşırı kaygı, sinir sisteminin bir türlü sakinleşememesinden kaynaklanır ya da sistemin sakinleşmesini mümkün kılmaz. Sanki ışıklar aşırı voltajdan sürekli yanıp söner, bu yüzden dinlenmek ve rahatlamak olanağı yoktur. Tehlike ölçme radarı her zaman açık, alarm her zaman çalar haldedir. Hiç uyumadan devamlı nöbet tutan bir bekçiyi hayal edin.

Normalde korku duymak bir tehlike olabileceğine dair sağlıklı bir işarettir; bir tehdit olup olmadığını kontrol etmek için sinyal görevi görür. Korku hissettiğimizde irkilir, hemen çevremize bakarak tehdidin nerden geldiğini, ne kadar ciddi olduğunu değerlendiririz.

Korku sinyali, tehditten kaçmak ya da onunla savaşmak için hamle yapmak üzere bedeni hazırlar. Bir tehdit olmadığını saptadığımızda sakinleşiriz. Doğal işleyiş budur.

Bazı durumlarda tehdit tespit edilemez ya da savaşma veya kaçma eylemi mümkün olmaz. Örneğin bir çocukta sürekli ihmal edilmek, duyulmamak, görülmemek, kullanılmak adını koyamadığı büyük bir korku, adeta bir içsel terör yaratır. Korku zaman geçtikçe sinir sisteminde sıkışıp kalır. Yaşam enerjisi bir yön ve hareket bulamazsa, korku çözümlenemeden bir kısır döngüye girer. Bu döngü aşırı kaygı veya depresyon belirtilerini besler.

Emniyet ve Tehlike

Depresyon ve kaygı, sinir sistemimizin algılanan tehlikeye enerjik olarak farklı tepki verme yolları olarak görülebilir. Aşağıdaki çizelgede yatay eksen, zamanın geçişini, dikey eksen ise sinir sistemimizdeki enerji seviyesini göstermektedir.

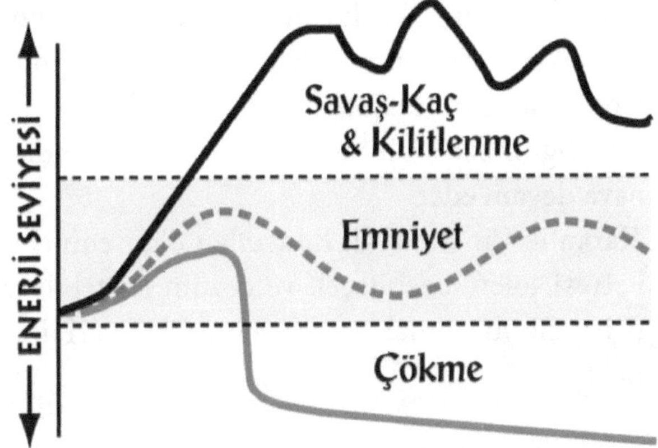

Grafiğin emniyet bölgesinde stres ve sükûnet, hareket ve dinlenmenin devam eden doğal iniş çıkışlarını görüyorsunuz. Sinir sistemimizde enerjik işleyişin bu optimal bölgesi, emniyet duygusunu deneyimlediğimiz alandır. Bu alan tüm zihinsel ve duygusal kaynaklarımıza erişmemizi sağlar.

Ancak tehlike olarak algılanan bir durumda, sistemimiz aşırı uyarılmış olduğundan hayatta kalmak üzere bir "savaş ya da kaç" durumuna geçer.

Harekete geçemezsek veya tehlikeye çözüm bulamazsak, adeta kilitleniriz. Enerji yoğunluğu arttıkça paniğe karşılık gelen durumla emniyetli bölgeye geri dönmeye çalışırız. Bu da işe yaramazsa yine hayatta kalmak için donma, çökme veya uyuşma durumuna geçebiliriz.

Yüksek aktivasyonda kilitlenmiş ve yön bulamamış korku aşırı endişeye ve paniğe, çökme ise depresyona karşılık gelir. İki durumda da emniyetli koridordan çıktığımız için problemleri çözme ve yönetme kaynaklarımıza ulaşamayız. Güvenli bölgeye geri dönemediğimizde sinir sistemi aşırı stres altında sıkışmaya devam eder.

Karanlık tünel olarak hissedilen olgu emniyetli, yani stresi tolere edebilecek ve çözüm üretebilecek, bölgeden çıkmış olmak ve oraya bir türlü geri dönememektir.

Travmanın Etkisi

Güvensiz hissetmekle yakından ilgili olan, yaygın bir depresyon ve anksiyete nedeni de travmadır. Travma, şok edici, tehlike olarak algılanan bir olayın (veya olaylar dizisinin) sinir sistemi üzerinde bıraktığı etkidir. İki temel travma tipinden söz edebiliriz:

Şok travması ve gelişim travması.

Şok travması, sinir sisteminin hayati tehlike içeren bir olay ya da olaylar dizisi karşısında "savaş veya kaç" tepkisini tamamlayamaması sonucunda kişinin sisteminde kalan tortudur. Olay sırasında kişinin eyleme geçme kapasitesi kısmen ya da bütünüyle engellenmiştir. Sistem hayatta kalmak için korku ve çaresizlikle baş etmeye çalışır.

Örnek olarak, bir hayvan tarafından saldırıya uğramayı veya bir araba kazası geçirmeyi ele alalım. Kişi olaya istediği tepkiyi veremediyse, kaçıp kurtulamadı ya da mücadele edemediyse, şoktan ve kontrolü kaybetmekten kaynaklanan büyük bir çaresizlik deneyimler.

Hayatımıza doğrudan tehdit oluşturmuş böyle bir olay karşısında donakalırız. Şok travması diğer insanlarla tehdit edici etkileşimlerden de kaynaklanabilir. Savaş, tecavüz, fiziksel saldırı, soygun veya bu türden başka olaylar, sinir sisteminde bu donma dediğimiz kalakalma halini tetikleyebilir.

Şok travması ile gelişim travması arasındaki ayrım, ilkinde tehdit eden figürle bir duygusal bağlılığın olmamasıdır. Bu nedenle saf şok travması çoğunlukla sinir sistemini etkiler ama benlik duygusuna fazla tesir etmez.

Bir yaban domuzu bana saldırırsa, duygusal bir bağım olmadığından bu saldırıyı kişisel olarak algılamam. Bana bir araba çarptığında, eğer çaresiz kalmışsam sinir sistemim yine otomatik olarak donma tepkisi verecek, ama kaza yapan sürücüyle duygusal bir bağım yoksa benlik duygum büyük ihtimalle bundan fazla yara almayacaktır.

Ancak cinsel saldırıya uğrarsam hem fizyolojimin hem de benlik algımın bundan etkilenme olasılığı yüksektir. Özellikle duygusal olarak bağlı olduğum birinin neden olduğu travmatik bir olay yaşarsam, bunun sistemimdeki etkisi sadece sinirsel ve bedensel değil aynı zamanda psikolojik olabilir.

Örneğin bir yakınım tarafından fiziksel saldırıya uğradım ve kendimi koruyamadım. Bu olayın hem bedenimi hem sinir sistemimi hem de benlik algımı etkileyerek, daha karmaşık bir etki bırakması muhtemeldir.

Şok travmasının ayrıca gelişim travmasına dönüşmesi veya onu tetiklemesi mümkündür. İhmal edilen bir bebeğin sinir sistemi, başlangıçta ihmali bir şok olarak kaydeder. Ancak zaman geçtikçe tekrarlayan ihmal gelişim travmasına dönüşebilir. Şok travması yaşayan bir yetişkin, geçmişinden gelen gelişim travması izleriyle de karşılaşabilir.

Gelişim travması çocuklukta meydana gelen bağlanma yaralanmalarından kaynaklanır. Sebeplerden en yaygın olanları ihmal ve devam eden fiziksel veya duygusal istismardır.

Gelişim travmasında tehlike çocuğun sevdiği ve bağımlı olduğu bir bağlanma figüründen kaynaklanır. Çocuğa kendini güvende hissettirmesi gereken kişi, çocuğun güvenliğini tehdit etmektedir. Bu nedenle gelişim travması, sadece sinir sisteminin dengesini değil, aynı zamanda çocuğun benlik duygusunu da etkiler.

Çocuk kendi benliği ile bağlandığı ebeveyn arasında seçim yapmak zorunda kalır. Kendi olarak ebeveyni tarafından sevilmeyeceğini sezer. Bu çocukta büyük bir içsel çatışma yaratır. Sonunda bağlanma ilişkisini korumak isteyen çocuk kendi ihtiyaçlarını hissetmekten ve dillendirmekten vazgeçer. Yani bir anlamda özünü terk eder.

Çocuk, gelişim düzeyine bağlı olarak, duygularını hissetmek, sınır koymak, özerklik sağlamak veya talep etmek yahut başkalarına güvenmek konusunda artık kendini emniyette hissetmez. Performans göstermedikçe veya mükemmel olmadıkça, kendisinin yeterli olmadığı, özünde değerli veya sevilebilir olmadığı sonucuna varabilir.

Bir çocuk için bağlanma hayatta kalmaya eşittir. Bu nedenle, ebeveynini kaybetmek çocukta yaşamsal bir tehlike olarak algılanır. Eğer ebeveyn çocuğa bir tehdit figürü oluyorsa çocuğun hem fizyolojisi hem de psikolojisi bundan ciddi şekilde yara alır.

Hayatta Kalma Tepkileri

Şoke edici bir olay ya da sisteme ağır gelen olaylar dizisi karşısında, beden otomatik olarak bir dizi hayatta kalma tepkisi vererek kendini korumaya alır.

Bunlar hayvanlarda da bulunan içgüdüsel hayatta kalma dürtüleridir.

Hayatta kalma tepkileri şunları içerir: İrkilme, oryantasyon (yön bulma), sinyal verme, kavga etme, kaçma ve donma (kilitlenme ve çökme). Hayvanları tehlikeli durumlarla karşılaştıklarında izlerseniz, hayatta kalmak için bu savunmaları kullandıklarını görürsünüz.

İrkilme, bir tehdidin algılandığını gösterir.

Oryantasyon (Yön bulma), tehdidin ne olduğunu, nereden geldiğini belirleme ihtiyacından doğar.

Sinyal çığlığı bir yardım çağrısıdır.

Kavga etme tepkisi bir tehdidin üstesinden gelmekte gerekli olan veya kaçışın mümkün olmadığı durumlarda devreye girer.

Kaçış tepkisi tehlikeden kaçma dürtüsüdür. Mücadelenin başarılı olamayacak gibi göründüğü veya doğrudan yüzleşmenin mümkün olamayacağı durumlarda devreye girer.

Donma hareketsizlikle sonuçlanan bir savunma dürtüsüdür. Bu aktivasyon sinir sistemindeki yoğunluk belirli bir eşiğe ulaştığında otomatik olarak gerçekleşir.

Bireyin hareket etmek için yoğun enerji hissettiği, ancak kilitlendiği durumlarda deneyimlenen donma hali yüksek gerilim ve enerjiyle doludur. Bu durum savaşmak ve kaçmak arasında sıkışıp kalmak olarak düşünülebilir. Bu tür bir hareketsizlik durumu, tehlikenin geçmesini beklemek, dikkat çekmemek gayesiyle hareketsiz kalmak şeklinde özetlenebilir.

Çocukken "Hırsız gelirse uyuyor taklidi yaparım" diye düşündüğümü hatırlıyorum. Bu, benim olası tehlike karşısında hayatta kalmak için içgüdüsel olarak uygulamaya karar verdiğim aktif donma stratejisiymiş, şimdi anlıyorum! Buna karşılık dört yaşındaki kuzenim yatağının başucunda bir odun parçasıyla uyurdu. Cadı gelirse kafasına vuracağını söylerdi. O da içgüdüsel olarak kavga taktiğini seçmiş.

Bunlarla birlikte yine hareketsizlikle sonuçlanan başka bir savunma tepkisi daha vardır. Burada sinir sistemi uyuşukluk, depresyon, yokluk hissi, boşluk, bayılma, pes etme gibi bir çöküş durumuna geçer.

Doğada, her iki hareketsizlik durumu da (kilitlenme ya da çökme) tehlike karşısında potansiyel olarak hayat kurtarıcı bir fayda sağlar. Hareket etmemek, bir avcı tarafından görülmeyi engelleyebilir. Ayrıca avcının ilgisini başka tarafa yönlendirmesine neden olabilir.

Örneğin, bir kedinin ağzında tuttuğu hareketsiz bir fareyi gözünüzün önüne getirin. Fare yaşamın ve ölümün tam eşiğindedir. Hareketsiz kaldığında kedi ilgisini kaybederek fareyi bırakabilir. Fare yeterince hareketsiz kalırsa, kedi belki de oradan uzaklaşacaktır. Böylelikle farenin hayatı kurtulacaktır.

Çökmüş bir donma durumunda nabız yavaşlar, kan basıncı düşer, kaslar yumuşar, zihin uyuşur ve hafıza depolaması bozulur. Bunlar ölümü taklit eden, potansiyel olarak kediyi fareyi ağzından bırakması ve oradan uzaklaşması için kandıran fizyolojik tepkilerdir.

Bu çökme durumu fareye başka bir büyük fayda daha sağlar. Çökme, fareyi bedensel ağrıdan uyuşturacak bir iç anestezi durumudur. Ayrıca yırtıcı hayvan kandırılırsa, kedinin artık fareyle ilgilenmeyip uzaklaşmasında olduğu gibi, fare sonunda donma durumundan çıkacak, yaşam enerjisiyle bağlantı kuracak ve kaçarak derhal tehlike bölgesinden ayrılacaktır.

Yaşam enerjisinin başlangıçtan beri mevcut olduğunu hatırlayın. Sadece yaşam enerjisi, sinir sisteminin aşırı tehlike karşısında farenin hayatını kurtarmak için verdiği çökme tepkisi nedeniyle, hissedilemez hale gelmiştir.

Bu yönden baktığımızda kaygı süregelen yoğun tehlike algısından dolayı sistemimizde aşırı aktivasyon, depresyon da bir çöküş tepkisi olarak görülebilir. Sinir sistemimiz ve psikolojimiz, bir dizi ağır olayın veya kişiler arası yaralanmaların baskısını bu iki yolla yönetmeye çalışır.

Kaygı ve depresyon böylelikle aslında hayat kurtarma görevi üstlenirler. Tehlike, baskın olumsuz yaşam koşulları veya tehdit karşısında, istem dışı olarak bir süreliğine hayatı koruyucu işlev görürler.

Bununla birlikte savunma tepkileri kısa zaman için programlanmıştır. Savunma ihtiyacı çok uzun sürerse, bu bir dizi olumsuz belirtiyle sonuçlanacaktır. Bir zamanlar hayatta kalmaya yarayan tepkiler uzun sürdüğünde sinir sistemi rahatlayamaz.

Umutsuzluk duygusu yaşam enerjisinin sağlıklı yön bulamayacağı panik ya da gömülü kalacağı sürekli hareketsizlik ve durgunlukla birleşir. Bunları izleyen olumsuz inançlara, fiziksel ve psikolojik rahatsızlıklara zemin hazırlar.

Umut Kaybı

Yoğun kaygı veya depresyon halindeyken birçok insan umutla bağlantısının koptuğundan bahseder. Umut nedir?

Zihnimiz öngörmek için tasarlanmıştır. Geçmişteki deneyimlerimize dayanarak geleceğe yönelik öngörüde bulunuruz. Genellikle geçmişte yaşadıklarımızı geleceğe yansıtırız. Beklentiler ve korkular geçmişin bıraktığı izlerle şekillenir.

Umut yaşamı aydınlatan bir iç ve dış kaynaktır. İstemek, özlem duymak veya hayal kurmak umutla ilgilidir. Umut bize geleceğe olumlu bir yaşam resmi yansıtma yeteneği verir. Umutluysak gelecekteki olasılıklardan adeta büyüleniriz. Umut motive eder. "Yapabilirim" der, "yapmak istiyorum" der.

Umut bir düşünce, bir duygu, değişime olan bir inanç, enerji veren bir özlem olabilir. Hem heyecan hem güven duygusu içerebilir. Kişide yaşama dair olumlu olasılıkları hayal etme yetisini uyandırır.

Umut eksikliği olduğunda doğal esnekliğimize veya becerimize erişmekte zorlanırız. Kaynaklarımız kilitlenmiş, donmuş ve ulaşılamaz görünür. Depresyon ezici bir içsel yalnızlık ve çaresizlik duygusunu besler. Aşırı endişe de tehdit kaynağını bulamamak ve dolayısıyla çevreyi kontrol edememek korkusundan doğan bir çaresizlik ortamında büyür. Umutsuzluk her durumda bir kısır döngüyle kendini tekrarlar.

Yeniden Umut Etmek

Hepimiz, en azından, entelektüel boyutta biliriz ki umutlu olmak iyidir. Peki umut etmemek neden iyidir? İsterseniz bu sorunun cevabını kendinize sorabilirsiniz. Umut etmekten vazgeçmenin iyi yanı ne olabilir?

Umut edebilmek için iç ve dış kaynaklarımıza yeniden bağlanmamız gerekir. Çocukluk döneminde iç kaynakları oluşturmamızın bir yolu, bize bakan kişileri, ebeveynlerimizi model olarak görüp, onları taklit etmektir.

Büyüdükçe içsel ortama başka rol modeller de katılır. Taklit ve ilişki yoluyla kendi içimizde bakıcılarımızın, ebeveynlerimizin, aile bireylerinin, yakınların, öğretmenlerimizin ve en iyi arkadaşlarımızın temsillerini geliştiririz.

Sıkıntı içindeyken kendimizi rahatlatma ve kendimizle olma kapasitemiz, erken çocukluk döneminde yetişkinlerle, özellikle de birincil bakıcılarımızla deneyimlediğimiz ilişki yoluyla gelişir. Çocukluğumuzda gerilimli anlarda bakıcılarımızdan nasıl bir duygusal karşılık gördüysek, yetişkinliğimizdeki gerilimli anlarda kendimize öyle davranırız.

Çocukken zor bir olayın ardından duygusal bakımdan teselli edilmediysek, yetişkin olarak sıkıntılı zamanlarımızda kendimizi sağlıklı bir şekilde nasıl yatıştırabileceğimizi de bilemeyebiliriz. Duygularımızla ne şekilde ilişki kurabileceğimizi, onları nasıl ifade edeceğimizi, kendimize nasıl destek vereceğimizi veya başkalarından nasıl yardım isteyeceğimizi henüz öğrenmemiş olabiliriz.

Sinir sistemimizde alarm veren bir tehdit karşısında ortaya çıkan hayatta kalma tepkileri içgüdüseldir. Onları bilinçli olarak seçemeyiz. Ancak fizyolojimizin ağır sıkıntı koşullarında nasıl çalıştığının farkına vardığımızda yeni bir kapı açılır.

Eğer bizim için bunun iyi olacağına karar verirsek, nasıl rahatlayacağımızı ve güven duygusuyla yeniden nasıl bağlantı kuracağımızı yavaş yavaş keşfetmeye başlayabiliriz. Daha karmaşık ve bize ağır gelen duyguları hissetme kapasitemizi genişleterek yeniden kendimizle bağlantı kurabiliriz. Bu şekilde kendimize içsel bir dayanıklılık alanı açabiliriz.

Ancak bu saydıklarım, bunların hiçbirini yapmayarak hayatta kalmış bir sistem için başta tehlike anlamına gelebilir. Bu yüzden depresyon ve anksiyete, her ne kadar kurtulmak istesek de bir yanımıza göre emniyet demek olabilir. Kendinize isterseniz şimdi bir daha sorabilirsiniz. Bazen umut etmemek neden iyidir? Umut etmekte nasıl bir tehlike olabilir?

Depresyon ya da anksiyetenin size kendinizi güvende hissettirdiği an veya anlar oldu mu?

2. BÖLÜM

HİKÂYE ÜRETME VE ANLAM ÇIKARMA

"Bilge için acı ve lütuf aynı şeydir."
— SÛFÎ SÖZÜ

Hayatın anlamını aramak insana özgüdür. İnsan beşikten mezara, ilkel ya da sofistike, durmaksızın bir anlam oluşturma süreci içindedir.

İzlerken, dinlerken, okurken, hissederken, hayret ederken, sorgularken, yorumlarken, gördüğümüzü, duyduğumuzu kısacası yaşadıklarımızı anlamlandırma sürecindeyiz. Anlam oluşturma süreci çocukluk döneminde, yani beyin henüz gelişmemişken, yaşanan ağır olaylar karşısında çok acı veren bir yöne kayabilir.

Konuşma yeteneğimizle birlikte hafıza sistemimiz de yaklaşık on sekiz aylıkken gelişmeye başlar. Ondan önceki deneyimimiz tamamen somatik (bedensel) yani sözsüzdür.

Hafıza ve çocuğun anlam yaratma yeteneği, çocuk büyüdükçe gelişmeye devam eder. Bir çocuğun duygularını veya düşüncelerini sözlü olarak ifade etme kapasitesi, ona bakan ebeveynler, çevresindeki diğer yetişkinler ve öğretmenlerle kurduğu etkileşimler yoluyla gelişecektir.

Başta basit başlayan anlamlandırma eylemi, çocuk büyüdükçe, beyin geliştikçe ve çevrenin yardımıyla daha karmaşık verilerden analizler ve sentezler yapabilir hale gelir.

Çocuk, anlamlandırma yolculuğuna "iyi ve kötü" ayrımıyla başlar. Bir masal okurken, örneğin Pamuk Prenses'i iyilikle ilişkilendirir ve Pamuk Prenses zehirli elmadan bir ısırık aldığında üzülür. Cücelerden hoşlanır. Cadıyı kötü olarak görür.

Hikâyeyi okuyan yetişkin, daha geniş bir bakış açısıyla, hikâyeden çok boyutlu anlamlar çıkarabilir. Örneğin elmayı hepimizin ısırması ve sindirmesi gereken hayattaki zorluklar olarak yorumlayabiliriz.

Bu zorluklar büyümemize ve gelişmemize yardımcı olurlar. Pamuk Prenses'in uykuda geçirdiği zaman, bir iç gözlem dönemi, kendisinin daha saklı kalmış yanlarıyla temasa geçtiği bir süreç olarak yorumlanabilir. Ya da uykuya dalmak, benlikten kopma, zorluklarla yüzleşmekten kaçmak olarak anlamlandırılabilir.

Cüceler, prens ve cadı, Pamuk Prenses'in içindeki parçaları temsil ediyor olarak görülebilir ve hepsinin, onun bütünleşmesine yardımcı olmak için iletecek önemli mesajları olduğu öne sürülebilir.

Prens gelip Pamuk Prenses'i öptüğünde ve prenses uyandığında, yetişkin biri bunu prensesin sonunda içsel dayanıklılık kazanması, gerçek yaşama ve kendine daha fazla güvenmesi, yeniden hayata bağlanmasına yardımcı olan yetişkin yanıyla temas kurması olarak yorumlayabilir.

Bir çocuk bu kadar kapsamlı psikolojik yorum yapamaz çünkü beyinsel gelişimi henüz bu düzeyde değildir.

Travmayı Anlamlandırmak

Yaşanan ağır olaylar karşısında, olaylara yüklediğimiz anlam, genel olarak çok boyutluluğu ve çok yönlülüğü bedenlerimizde, kalplerimizde ve zihinlerimizde tutma kapasitemize bağlı olacaktır. Bu kapasite beynin gelişimini tamamlamasıyla yani 20'li yaşların ortasında tamamen oluşur.

Analitik beyin duyguları, insanları, olayları ve duyumları anlamlandırmak için basit, doğrusal hikâyeler formüle eder. Bu hikâyeler kişinin kendisiyle ve dünyayla ilgili inançlarını üretir. Özellikle çocukluk döneminde beyin kapasitesi karmaşık gerçeklikleri aynı anda görmeye hazır olmadığından acıyı anlamlandırmak ancak basit hikâyelerle mümkün olur.

Çocuk, çevresindeki eksiklikler nedeniyle kendini kötü hissettiğinde, bu duygunun ne anlama geldiğini kavramak için yetişkin bir zihinden destek alamazsa, zihni kendiliğinden basit ve olumsuz hikâyeler üretecektir.

Bu hikâyeler çocuğun benlik duygusunu da kapsayacak ve kendine ilişkin olumsuz inançlar doğuracaktır. Çocuk, kendini kötü hissetmekle özünde kötü olmayı birbirinden ayırt edemez. Kendini kötü hissettiğinde, özünde de kötü olduğuna inanır. Gelişim travmasının temelinde bu yerleşik inanç yatar.

Çocuk kendini güvende hissetmediği bir ortamda, bakıcısına, "Sen beni anlamıyorsun, görmüyorsun, bana iyi davranmıyorsun" diyemez. Bu eylem çocuğun sisteminde büyük bir hayati tehlike olarak algılanır. Bu nedenle çocuk kendini kötü hissettiğinde zihni aşağıdaki gibi olumsuz inançlar üretmeye eğilim gösterir:

"Ben iyi biri değilim."

"Ben değersizim."

"Her zaman başarısız olacağım."

"Bu dünyada ait olduğum bir yer yok."

"Bende bir bozukluk var!"

Bu inançlar erken bağlanma yaralanmalarının bıraktığı etkilerden kaynaklanır. Büyürken ihtiyacımız olan duygusal ilgi ve desteği belli bir süreklilikte alamadığımızda bu inançlar kendiliğinden oluşmaya başlar. Ayrıca, erken yaşta bize fazla gelen yükleri üzerimize almak zorunda kalmışsak, bunların çocuk kapasitemizi aşan yükler olması ne yaparsak yapalım kendimizi yetersiz hissetmemize neden olabilir.

Örneğin çok erken yaşta ebeveyn görevi üstlenmek zorunda kalmış bir çocuk, henüz bu göreve hazır olmadığından, kendini doğal olarak yetersiz hissetmeye meyilli olabilir.

Kendimizle ilgili ürettiğimiz olumsuz hikâyeler ve inançlar, sistemimize ağır gelen durumların yükünü ve hissettiğimiz çaresizliği yönetme girişimlerimizin bir parçasıdır.

Ayrıca yaşamsal önem taşıyan bağlanma ilişkilerini koruyabilmek için de kendimizi suçlarız. Çocuğun zihni şuna benzer şekilde çalışır:

"Ben kötü olayım ki sen iyi kal.
Ben değiştiğimde, her şey yeniden güzel olacak…
Bu yüzden bütün suç benim olsun."

Elbette bu hikâye ve inançlar bilinç dışı olacaktır. Birçoğu, çocuk henüz konuşmayı tam öğrenmeden önce ortaya çıkar. Çocuğun bilinç dışında kodlanan bu inançlar uzun yıllar doğrudan kelimelerle ifade bulamayabilir.

Bu tür yanlış inançlar genellikle yetişkinliğe kadar devam eder ve kişinin kendisi ve dünya hakkında üstü kapalı olarak depolanmış olumsuz varsayımlar olarak kalır. Kişi yetişkinlikte, kendini mutlaka ki stresli durumlar içinde bulacaktır hatta bu durumlardan bazıları çocuklukta onarılmamış kırgınlıkları, sarılmamış yaraları, çaresizlik hissini ve olumsuz inançları kendiliğinden tetikler.

Böylece aynı duyusal ve duygusal bilgi, örneğin çocuğun bir zamanlar hissettiği midesindeki düğüm, kalbindeki acı ve çaresizlik, sanki olay 20 ya da 30 yıl önce oluyormuşçasına erişkin bedeninde tekrar yaşanır. Analitik sol beyni, çocuğun kendisi hakkında geliştirdiği gerçek olmayan, olumsuz inançları istem dışı tekrarlayacak ve yetişkin kişi yıllar önce hissettiği çaresizliği kendisine, yanındaki kişiye, duruma ve hatta geleceğe yansıtacaktır. Geçmiş böylece şimdiye akar.

Bir çocuğun zihni olayları çoğunlukla siyah beyaz, iyi ve kötü olarak yorumlayacaktır. Çocuk grinin tonlarını ve yaşamın karmaşıklığını anlayacak yeterli beyin kapasitesine henüz erişmemiştir. Yetişkin bir beynin çocuğa bu konuda yardımcı olması gerekir.

Teorik olarak yetişkin bir beyin yaşamın getirdiği stresle daha iyi başa çıkma donanımına sahiptir: İyi, az iyi, orta, kötü, neredeyse kötü, bu kötü ama şöyle bir seçenek var gibi siyah ve beyaz arasındaki tüm tonları dillendirebilecektir. Bununla birlikte bir yetişkin zihni de kendini tehdit altında hissettiği zaman ya da geçmişte kendisine yön gösteren olmadığı için daha "çocuksu", daha siyah beyaz düşünme şekline geri dönebilir.

Tehlike hali zihnimizin daha basit ve ilkel saptamalar yapan mekanizmasını tetikler. Dürtüsel tepki mekanizmasının kontrolü altındayken, olayların ve insanların aslında bizim basit ve olumsuz değerlendirmelerimizden çok daha karmaşık ve nüanslı olduğunu göremeyiz.

Zihnimizin alışkanlıkla tekrar ettiği olumsuz hikâyelere ve düşüncelere sorgulamadan inanır, ona göre kendimizi korumaya çalışırız. Düşüncelerimiz ve duygularımız bu basit hikâyeler tarafından şekillenmeye devam eder.

Başkaları Hakkında Ürettiğimiz Hikâyeler

Kendimiz hakkında geliştirmiş olduğumuz olumsuz anlatıların nereden kaynaklandığını keşfedemezsek, stresli durumları yönetmek ve hissettiğimiz duygusal yükle başa çıkmak için genellikle bilinçsizce uyguladığımız ve uzun vadede verimsiz olmaya meyilli başka stratejilere başvururuz.

Bunların en başında çevremizdekileri ve bizim için önemli olan insanları acımasızca yargılamak gelir. Sindirilmemiş kişisel acımız içten içe sadece kendimizle ilgili değil, çevreyle ve başkalarıyla ilgili geliştirdiğimiz ön yargıları ya da olumsuz hikâyeleri de besler. Bu durum özellikle karşımızdakilerle bir çatışma içine girdiğimizde ortaya çıkar.

Yıllar öncesinden gelen hazmedilmemiş olumsuz duygular, şu anda yaşanan olaylar ve karşılaştığımız insanlar hakkında yaptığımız basit, çocuksu yorumlamalarla çevreye yansıtılır. Geçmişin çözümlenememiş sorunlarının yankıları kendilerini bu yolla duyurmaya çalışırlar. Böylelikle, bilinç dışında kalmış ve yaşam boyu iyileşememiş duygusal yaraların sonunda çözümleneceğini zannederiz.

Anlamlı bir ilişki içinde, iş, arkadaşlık, evlilik ya da aile ilişkisi gibi elbette çatışma yaşama ihtimali de yüksek olacaktır. Çatışma birbirini tanımayan insanlar arasında da yaşanır. Trafikte sıkıştığınız zamanları aklınıza getirebilirsiniz!

Geçmişten kaynaklanan ve henüz iyileşmemiş duygusal malzemeler böyle stresli durumlarda içgüdüsel hayatta kalma tepkilerini tetikler. İyileşmemiş duygusal yaraların farkında değilsek, ilişki içinde meydana gelen bir çatışmada kendimizi bir savaş ortamında kalmış gibi hisseder, savaşı kazanmak üzere savunmaya geçeriz. Kazanmanın ancak düşman olarak algıladığımız kişinin yenilmesiyle mümkün olabileceğine inanırız.

Bir danışanım terapiye başlama sebebini kendini tehlikeye atma pahasına başkalarını kurtarmak istemesinin kaynağını araştırmak olarak ifade etmişti. Birine haksızlık yapıldığına şahit olduğunda çok öfkelendiğini adeta "aklını yitirdiğini" anlatmıştı.

Bir süre sonra sıkıntısının biraz daha farklı bir boyutundan, sosyal medyada yazdığı öfkeli yorumlardan da bahsetti. Ne zaman bir haksızlığa tanık olduğunu düşünse, haksızlığa uğradığına inandığı kişiyi korumak için karşı koyamadığı bir dürtü hissettiğini söyledi. Haksızlık yaptığını düşündüğü kişiye çok sert sözlerle "gününü gösterdiğini" anlattı.

Danışanımın bu kişileri tanıyıp tanımamasının bir önemi yoktu. Bu şekilde hak aradığında içinde büyük bir rahatlama hissettiğinden söz etti.

Ancak son yaptığı sosyal medya yorumunun ardından karşılaştığı olay ona yargıladığı kişiye haksızlık etmiş olduğunu göstermişti. Bundan dolayı yaptıklarını sorgulama gereği hissetmişti.

Danışanım bir hemşireyi pandemi zamanında işinden ayrıldığı için korkak ve bencil olmakla suçlamıştı. Danışanıma göre sağlık çalışanlarının işten ayrılması yüzünden hastalar yaşamlarını yitiriyordu, bu yüzden sosyal medya üzerinden takma bir isimle hemşireye ağır hakaretler etmişti.

Ancak bir süre sonra hemşirenin son evre kanser hastası olduğu ortaya çıkmıştı. Bunu öğrendiğinde ağır bir utanç duygusuna kapıldığını anlattı. Bu utanç bazı depresyon belirtilerini de tetiklemişti.

Danışanım bu olaydan önce de sosyal medya üzerinden pek çok kişiyi haksızca suçlamış olabileceğini düşünmeye başlamıştı. Haksızlığa uğradığını düşündüğü kişileri başkalarına haksızlık ederek korumaya çalıştığını fark etmişti. Kendisi, adeta öfkesinin kaynağı olan o isyan ettiği, haksızlık eden kişilere dönüşmüştü. Bu idrak onu durmaya ve içindeki öfkenin kaynağını sorgulamaya yöneltmişti.

Biraz araştırdığında öfkesinin çocukluğunda defalarca fiziksel şiddet görmüş ancak kendini koruyamamış olmasından kaynaklandığını anladı. Amcası onu yıllarca dövmüştü. Ailedeki hiçbir yetişkin amcasına karşı çıkmamış, danışanımı yalnız bırakmıştı. Şimdi bu yalnızlığın onu ne kadar öfkelendirdiğini anlıyordu.

İlk evliliğinde de eşine güvenemediğini, hep ondan bir darbe yiyeceğinden şüphelendiğini anlattı. Eşiyle ilgili zihninde kendiliğinden gelişen olumsuz düşünce ve hikâyelere inanarak, özellikle çatışmaya girdikleri her sefer, eşine karşı kendini iç güdüsel olarak korumak istemişti.

Eşi ona hiçbir zaman şiddet uygulamamıştı ancak tatlıya bağlanamayan her çatışmanın ardından danışanım eşi tarafından önemsenmediğine inanmış ve ona daha fazla sinirlenerek tepki vermeye devam etmişti.

Danışanımın eşi de çatışmayla sağlıklı ilişki kurmayı bilmediğinden eşinin gözünde yetersiz ve önemsiz olduğuna inanmıştı. Bu inanç kalıbı onun çocukluktan kalma duygusal yalnızlığını yansıtmaktaydı.

Temelde bu inançların beslediği çatışmalar ikisini de korkutmuş, biri daha çok öfkelendikçe, diğeri de zamanla tamamen içine kapanmıştı.

Bir çift olarak hiçbir zaman birbirleriyle ilgili zihinlerinde oluşan olumsuz hikâyeleri sorgulamamışlardı. Bu şekilde birbirlerini yanlış yorumlamayı sürdürmüş ve çocukluklarından kalma çözümlenmemiş duygusal yaraların yarattığı hikâyelerin etkisiyle birbirlerinden uzaklaşmışlardı.

Pek çok ilişkide olumsuz duyguların verdiği rahatsızlıkla yanlış yorumlamaların karşılıklı olması kaçınılmazdır. Genellikle kişi karşısındakini çözülmemiş geçmiş acılarının ve inançlarının penceresinden değerlendirir. Bunu buğulu bir camdan dışarıyı görmeye çalışmaya benzetirim.

Sinir sistemimizin çatışma sırasında nasıl çalıştığının farkında değilsek, şu anda karşımızda olan kişinin uzak geçmişimizin anılarında saklanan en kötü durum senaryolarına uyduğuna bilinçsizce kendimizi inandırabiliriz.

Karşımızdaki kişi "kötü" olursa sonunda protesto edip daha önce alamadığımız hakkımızı bu sefer alabileceğimize inanabiliriz. Protesto etmek, hayır diyebilmek isteği, geçmişte bunu gerçekten hak etmiş kişi ya da durumlara karşı veremediğimiz bir tepki olarak bugünde yaşamaya devam ediyor olabilir. Bu nedenle bir yetişkin olarak gerekli verileri değerlendirdikten sonra sakince hayır diyerek asıl isteğimizi dile getiremeyeceğimize inanıyor olabiliriz. Ya da eğer hayır dememeyi seçiyorsak bunu bir yetişkin olarak çeşitli olasılıkları değerlendirdikten sonra tercih edebileceğimizi unutabiliriz.

Beynimizin duygusal tarafına göre zaman ve mekân kavramı farklı işler. Eğer durup kendimize bakmazsak sistemimizde geçmişe ait sindirilmemiş bedensel duyum ve duyguları, iyileşmemiş yaraları, işlenmemiş hikâyeleri adeta zaman durmuşçasına yaşamaya devam ederiz. Bu nedenle şimdi, içinde bulunduğumuz anda yaratabileceğimiz farklı seçenekler olduğunu hatırlayamayabiliriz.

Danışanımın hikâyesi zamanında haksızlığa uğramış bir insanın, kendine bilinçle yaklaşmazsa başkalarına haksızlık edebileceğine dair faydalı bir örnek. Genellikle farkında olmadığımızda, durup kendimize bakmadığımızda travma döngüsünü devam ettiririz. Bir zamanlar ezilmişsek bu sefer de biz ezen taraf olabiliriz.

Kanımca insanlığın en temel sorunlarında biri bu dinamiktir. Acıyla kişisel ve kolektif olarak işlevsel bir şekilde baş etmeyi bilmediğimizde en büyük korkularımızı yanımızdakine, karşımızdakine, başkalarına yansıtarak kendimizi korumaya alırız. Zihnimizin ürettiği hikâyelere inanarak geçmişte yaşadığımız acıların benzerlerini farkında olmadan hem kendimize hem de başkalarına yaşatırız.

İnsanlık tarihine baktığınızda bu döngünün yüzyıllardır tekrarlandığını görürsünüz. Bu nedenle durmak ve dinlemek adeta devrim niteliğindedir. Acıyla farklı ilişki kurmak ve farklı eylem seçimleri yapmak size içinizde ve ilişkilerinizde yeni kapılar açmanızı sağlar. Aynı zamanda daha sağlıklı iletişim biçimlerini çevrenize yansıtabilirsiniz.

Dünyanın pek çok ülkesinde farklı kültürlerden danışanlarla çalışmış biri olarak rahatlıkla söyleyebilirim ki çatışma durumunda verebileceğimiz tepkiler, kendimizle, çevremizle ilgili geliştirdiğimiz olumsuz inançlar, duyduğumuz korku ve özlemlerimiz birbirine çok benzer. Bu pencereden baktığımızda hepimiz aynı dili konuşuyoruz.

Çocukluk dönemimizde hepimiz hayatta kalmak için bizden büyük bir yetişkinin ilgisine ihtiyaç duyuyoruz. Hepimiz haksızlığa öfkeleniyoruz, hepimiz sevdiklerimizi kaybetmekten korkuyoruz ve onları ebediyete uğurladığımızda acı çekiyoruz. Farklılık gösterdiğimiz nokta yetişkin olarak, özellikle canımızı yakan deneyimlerle nasıl ilişki kurduğumuzdur.

Belki dikkatimizi şu soruya yöneltmek yerinde olur: Acıyla nasıl bir ilişki kurabiliriz ki bize acı veren kişi ya da kişilere dönüşmeden ferahlayabilelim?

Akılda Tutulması Faydalı Noktalar

Buraya kadar yazılanları özetlersem:

◆ Depresyonun ve kaygının sinir sisteminin çökme ya da kontrolsüz enerji içinde sıkışıp kalma hallerinden kaynaklanan duygusal belirtiler olduğunu hatırlayın. Bu oluş halleri sisteme ağır gelen durumlar karşısında verdiğimiz savunma dürtülerimizden bazılarına karşılık gelirler.

◆ En çok bilinen ve yüksek aktivasyon karşısında devreye giren savunmalar, savaş ve kaçtır. Bir diğer savunma donup kalmak, adeta kilitlenmektir. Kilitlenme eyleme dönüşememiş yoğun korkudur. Enerji üretken bir eyleme çevrilememekte ne ileri ne geri gidilebilmektedir. Bu durum aşırı endişeye hatta paniğe karşılık gelir.

◆ Başka bir uyarılma savunması ise uyuşma ve çökme halidir. Bu durumun duygusal karşılığı depresyondur; adeta anestezi etkisindeymiş gibi hareket edememeye, düşünememeye veya hissedememeye denk gelir. Fizyolojik olarak, ağır gelen duygusal yükü taşımakta zorlanmak ve sanki bayılmak, kendinden kopmak gibidir.

◆ Yoğun endişe ve depresif olma hallerinin en yaygın nedenlerinden biri de travmadır. Bu nedenle, depresyon ve yoğun endişe, ağır olaylar karşısında içgüdüsel olarak verdiğimiz hayatta kalma tepkileri olan aktif donma ve çökmede takılıp kalma olarak da tanımlanabilir.

◆ Travma, yaşamı tehdit edici olarak algılanan bir olayın ya da olaylar dizisinin sinir sistemi üzerinde bıraktığı olumsuz etkidir. Travmanın doğasına, kişinin yaşına ve destek kaynaklarına bağlı olarak fizyolojiyle birlikte benlik duygusu da etkilenir.

◆ Yerleşik olumsuz hikâyelerimizin ve inançların ortaya çıktığı yer burasıdır. Bağlanma yaralanmalarının bir sonucu olarak, acı veren olayları anlamlandırma ve bağlanma ilişkisini korumak isteyen çocuk, kendi benliği hakkında olumsuz inançlar geliştirir.

◆ Benlikle ilgili bu olumsuz varsayımlar kendinden nefret etme, kendini yargılama ve acımasız özeleştiri biçiminde süren saldırılara dönüşür.

◆ Yetişkin olarak, kendimizi herhangi bir şekilde çocukluk deneyimini andıran bir sıkıntı ya da zorluk içinde bulduğumuzda, o dönemden kalma sindirilmemiş duygularımız aynı olumsuz hikâyeleri ve inançları yeniden üretmeye başlar.

◆ Sinir sistemine binen fazla yük, çocuklukta kullanılanlara benzer savunmaları tetikler. Belki kendimizi devamlı kavga ederek savunur buluruz, belki her şeyden ve herkesten kaçmak isteriz; ihtiyaçlarımızı dillendiremeyiz, "hayır" diyemeyiz ya da yine donup kalırız. Çocukluk döneminde çaresizlikle baş etmek niyetiyle kullanılmış ve o yaş diliminde hayata tutunmak için gerekli olan taktikler, yetişkin yaşamında bir engele, hatta semptoma dönüşür.

◆ Yüksek oranda çarpıtılmış hikâyeler kendiliğinden oluşturulur. Bilinçsizce üretildiklerinden onları sorgulamaya zaman ayırmazsak irademiz dışı onlara inanmaya devam ederiz.

◆ Ancak "Bende bir sorun var" şeklindeki inançların kaynağını sorgulayarak, onların neye hizmet ettiğini gün yüzüne çıkarabiliriz. Zihnimizin bize anlattığı olumsuz hikâyeleri gerçek olarak değil de sadece bir düşünce olarak görüp, şüpheyle yaklaşarak ve onların duygusal kaynaklarına dokunarak daha karmaşık ve nüanslı içsel anlatılar geliştirebiliriz.

◆ Bu süreç burada yazıldığı gibi kolay olmayabilir çünkü bir yanımız semptomlardan kurtulmayı istese de taktikleri bırakmak bize emniyetli gelmeyebilir. Kendine gelmek, kendiyle buluşmak çoğumuza güvenli gelmez. Bunun çok haklı nedenleri vardır. Bu yüzden bu çalışma sürece ihtiyaç duyar.

◆ Zihninizin olumsuz hikâyelere takıldığını fark ettiğinizde durup *"Bu gerçekten doğru mu?"* diye sormak, inançların kaynağını merak etmek, dümeni farklı bir yöne kırmanıza yardımcı olacaktır.

3. BÖLÜM

DEPRESYON VE ANKSİYETEYE SANATSAL BAKIŞ

"Beni kör kuyularda merdivensiz bıraktın.
Denizler ortasında, bak yelkensiz bıraktın."
— ÜMİT YAŞAR OĞUZCAN

Önceki bölümlerde verdiğim bilgilerin, sistemimize nüfuz etmeleri için tekrarlanmaları ve en önemlisi deneyimlenmeleri gerekliğini, bilgiyi dışardan almakla, bilgiye içerden varmak arasında fark olduğunu yazmıştım. Şimdi biraz da bilgiye içerden varmak üzerine yoğunlaşmak istiyorum.

Kanımca bilgiye içimizden ulaşmanın en zarif, en etkili, en yaratıcı yöntemlerinden biri sanat yapım sürecidir. Kendimizle yapacağımız yaratıcı sohbetler, sanat devreye girdiğinde bambaşka bir boyut kazanır. Bu süreçte kendimizden başlayarak tüm evrenle temas ederiz. Aynı zamanda kendimize özgü dilimizi keşfederiz. Sanat hayata anlam verme ihtiyacından doğar.

İzleyici olarak da baktığımız, dinlediğimiz esere aslında kendimizi yansıtırız. İzlerken, dinlerken, okurken, hissederken, hayret ederken, sorgularken, yorumlarken, gördüğümüzü, duyduğumuzu anlamlandırma sürecindeyizdir. Sanat içsel dünyamızı yansıtabileceğimiz ve yeniden anlamlandırabileceğimiz belki de en zengin, güvenli ve yaratıcı alandır.

Terapistler, sanatçılardan çok şey öğrenebilir.

En başta da doğrusal olmayan düşünme, ifade ve acıyı işleme biçimlerini kullanmayı öğrenebilirler. Sanatçıların gözle görülmeyeni, hissedileni, sezileni, duyguları somut sanat eserlerine dönüştürme yeteneği vardır. Bunu sesleri, kelimeleri, anlatıları, hareketleri, şekilleri, ışık veya renkleri kullanarak yapabilirler.

Sanatçılar, seçtikleri sanat formu aracılığıyla, hayalleri, dikkatten kaçan veya üzeri örtülmüş duygu, düşünce ve gerçekleri bir estetik bütünlük içinde görünür kılabilir. Sanat eseri izleyiciyi veya dinleyiciyi daha derinlikli bir iç ve dış farkındalığa yönlendirebilir.

Sanat, izleyicisine ilham verir. Aynı zamanda sanatsal yaratım sürecine katılan kişiye dönüşüm için bir alan açar. Böyle bir dönüşüm sanatı kullanarak yapılan kendini sorgulama ve geliştirme niyetinden doğar.

Sanatçılar yoğun ve zorlu duygusal malzemeleri yargılamadan veya gereğinden fazla analiz etmeden, kısacası onların içindeki gizemi kaybetmeden işleyebilirler. Tanı koymadan insan deneyimine empati, duygu, sezgi, hayal gücü ve yaratıcılık katabilirler.

Sanatçılar, kendi kalpleriyle temas ederek toplumsal acılara ses verebilirler.

Terapistler ruhun bir dili olarak metaforların ve sembollerin sezgisel kullanımına güvenmeyi sanatçılardan öğrenebilir. Yaratıcı sanat terapileri işte bu yolla yaratıcılığın iyileştirici gücünü kullanır.

Sanatçıların da terapistlerden öğrenecekleri vardır. Bunların en başında, titrasyon ve entegrasyon içeren bir ifade yaklaşımı gelir. Titrasyon kimyada kullanılan bir yöntemdir; bir çözeltiyi diğerine çok yavaşça, her seferinde bir damla ekleyerek karıştırmak diye tarif edebiliriz. Bu, tüm somunu yutmaya çalışmak yerine, bir dilim ekmekten lokma lokma yemeye benzer.

Mevcut travma terapisinde, yoğun duygusal malzemeyle çalışmaya yönelik titre edilmiş bir yaklaşımın, on yıllar önce yaygın olan yoğun katartik yaklaşımlardan çok daha etkili bütünleşme sağladığı ve değişimi teşvik ettiği kanıtlanmıştır.

Sanatçılar terapide en önce kendilerini kriter olarak almayı, yargı ve beğeni kutuplaşmasının içinde kaybolmadan kendi derinliklerine inmeyi ve iç seslerini duymayı sürdürmeyi deneyimleyebilirler.

Gündelik hayatın ve geçmişin getirdiği pek estetik olmayan zorluklara daha geniş bir perspektiften bakabilmeyi, sezgi ve duyguların yanında mantığı devreye sokmayı öğrenebilirler. Sanatçılar terapistle kendi seçimlerini daha bilinçli yapmak üzere çalışabilir, içsel oluş hallerine performans kaygısı gütmeden bilinçle ses vermenin ne demek olduğunu deneyimleyebilirler.

Şifa Hizmetinde Sanat

Her insan yaratıcı sürece bilinçli olarak katılarak sanatı şifa hizmetinde kullanabilir. Bir sanat eserinin başarısına odaklanmak yerine metaforlar ve semboller aracılığıyla ortaya çıkan malzemeleri yavaş yavaş içselleştirmeye vakit ayırabilir.

Böyle titre edilmiş bir yaklaşım, potansiyel olarak zor olan duygusal malzemeyi küçük miktarlarda sindirmek için kişiye zaman tanır. Anlamın belirmesi, hikâyenin dönüşmesi için kişiye alan açar.

Ümit Yaşar Oğuzcan Türkiye'nin en tanınmış şairlerinden biridir. Hayatı boyunca şiiri kendini ifade etme aracı olarak kullandığı ve hayatının çok karanlık bir döneminde, oğlunu kaybettikten sonra, *Beni Kör Kuyularda Merdivensiz Bıraktın* şiirini yazdığı bilinir.

Oğuzcan'ın bu ünlü şiiri dedem Münir Nurettin Selçuk tarafından bestelendi ve icra edildi. Biz de babam Timur Selçuk'la birlikte bu eseri birçok konserimizde seslendirdik. Her seferinde seyircilerin katılımıyla ve salondan yükselen iç çekişlerle tamamlardık şarkıyı. Bu eser hâlâ dinleyenlere hüzünlü bir ferahlama getirir ve seyirciler arasında bir yakınlık oluşturur.

Şair, oğlunu kaybettikten sonra da acısına dayanabilmek için şiir yazmaya devam etti. Şiirleri eşdeğer acıları hissedenlere armağan ve teselli oldu.

Dünyanın her tarafında sanatçıların kişisel acılarını anlatmak gayesiyle sanatı kullandıkları birçok örneğe rastlayabilirsiniz. Onların ölümlerinden çok sonraları da eserlerinin tılsımı yeni nesillere dokunmaya devam eder. Zaman ve mekânın ötesinde, bir zamanlar dürüstçe ve yaratıcılıkla temas edilmiş acı özden gelip yine özlere değmeyi sürdürür. Sanat adeta ölümle yaşam arasındaki perdeyi kaldırabilen ya da aralayabilen bir güçtür.

Sanat içsel oluş hallerini ifade etmek ve anlamlandırmak için güvenli bir alan açar. Duygusal durumumuzla duyguları ifade etme kapasitemiz arasında bir bağlantı köprüsü kurar.

Boş bir tuval ya da beyaz bir sayfa gibi, karanlık içsel durumları yalnızca ifade etmeyi değil, aynı zamanda dönüştürme olanağını da sağlayan temiz, yargısız bir alan oluşturur. Simyada bu sürece "kurşunu altına çevirmek" denir. Simyacı ateş yardımıyla maddeyi değerli bir metale dönüştürür. Bu dönüşüm maddenin konulduğu kapta meydana gelir.

Benzer şekilde depresyon kurşun gibidir: Ağır ve hareketsiz. Onun içinde bulunduğu kap bir sanat formu olabilir. Alevi tutuşturacak olan, keşfetmeye yönelik bilinçli niyettir. Dikkatimizi bir şeye verdiğimizde, o şey değişmeye, hareket etmeye ve sonunda dönüşmeye başlayacaktır.

Korkudan Öğrenebileceklerimiz

Önceki bölümlerde değinmiş olduğum gibi, korku kişiye bir tehlike olduğu sinyalini verir.

İrkilme tepkisiyle başlar. Bunu "savaş ya da kaç" dürtüleri takip eder. Her iki eylemin de amacı hayatta kalmaktır.

Korkunun bir başka adı ise heyecandır. Heyecan yaşamsal tehdit olmadığında da hissedilir. Fizyolojik olarak kişide kalp atışının hızlanması, göz bebeklerinin büyümesi, solunum değişiklikleri gibi pek çok şekilde kendini belli eder. Umudun beslediği heyecandan farklı olarak, bu heyecanın içinde yanlış yapma, beğenilmeme, hatta rezil olma gibi değişik derecelerde kaygılar yatabilir.

Yön bulamayan ve eyleme geçemeyen bu heyecan yine zihnin olumsuz hikâyeler üretmesine neden olur. Bu şekilde artan korku paniğe dönüşebilir. Panik, yoğun, yönünü kaybetmiş, dağılmış enerji içerir. Aşırı endişe hali, kişi olumsuz beklentileri geleceğe yansıtmaya devam ettikçe körüklenir.

Bununla beraber birçok sanatçı izleyiciyle buluşacak enerjiye erişmek için "doğru miktarda heyecana" ihtiyaçları olduğunu söyler. Bir performans öncesindeki heyecan, bir dalgaya binmek gibidir. Dalga yönünü bulduğunda üretken enerji akmaya başlar. Seyirciyle bağlantı canlanır. Performansa farklı bir enerji gelir ve yorum provadan daha canlı bir hal alır.

Atatürk Kültür Merkezi'nde, Cumhuriyetin 75. yılı dolayısıyla babamın verdiği konserde ona eşlik etmiştim. Kuliste beyaz pantolonunu kirletmeden giymek isteyen babam, bir iskemlenin üzerine çıkarken dengesini kaybetmemek için bana elini uzattı.

Tuttuğumda elinin buz gibi olduğunu fark edince "Baba ellerin neden soğuk, yoksa heyecanlı mısın?" diye sordum. Babamın bana (onun konuşma şekliyle yazıyorum) "Bu kadar okudun ama hâlâ salaksın" der gibi baktığını hatırlıyorum. Babamın onca yıllık tecrübesine rağmen her konser öncesi hâlâ heyecanlandığını o zaman anlamıştım.

Sahne sanatçıları heyecanın sağladığı enerjinin değerini bilirler. Seyirci yoğunluğunu karşılamak konusunda oyuncuya gereken enerjiyi bu heyecan verir. Onsuz bir performans yavan olur.

Yaşamda da benzer şekilde korku hayatta kalmak ve güvenliği yeniden sağlamak ya da yeni kapıları açmak üzere eyleme geçmeye itecek bir içsel motivasyon olabilir. Ancak bu enerjiyi çeşitli sebeplerden dolayı eyleme çeviremeyen bir sistemde korku, aşırı kaygı ve paniğe dönüşür.

Yaşamı ciddiye alıyorsanız heyecanlanırsınız! Korku ve heyecana yön vermeyi öğrendiğinizde ve bu öğrendiklerinizi tekrarladığınızda, sinir sisteminiz yavaş yavaş tahammül sınırlarını genişletir, daha fazla yoğun enerjiye yön vermeniz için sizi destekler. Bu yaklaşım, korkunun sağladığı yapıcı enerjiden giderek daha çok yararlanmanızı sağlayacaktır.

Devam eden kaygı durumunda, bu aşırı uyarılmış durumu harekete geçiren daha derin zihinsel, duygusal ve bedensel katmanları araştırmak gerekir.

Kaygı ve depresyon aynı zamanda kişiyi ruhunun derinliklerine götürebilir ve ona zengin bir kişisel malzeme sunabilir. Doğru niyet ve yaklaşım ağır ve yoğun kişisel malzemeyle çalışmanızı kolaylaştırır. Acılar, sıkıntılar hazmedilir ve ifade edilebilir. Yaratıcılığın ışığıyla kendi malzemenizi dönüştürme yolculuğuna başlayabilirsiniz.

Şimdi, depresyon ve kaygıyı dönüştürmenin kapsayıcıları olarak çeşitli sanat biçimlerine (müzik, tiyatro, hareket ve çizim) teker teker bakalım. Buradaki amaç içsel hallerimizle çalışmak için ne kadar çok ve çeşitli araca sahip olduğumuzu fark etmektir. Bazı bölümlerin devamında egzersizler bulacaksınız.

Kısa egzersizleri sadece okuyarak, daha uzun olanları ise isterseniz dinleyerek de yapabilirsiniz. Bu yöntemle tarif ettiğim kavramları hemen deneyimlemeye ve böylelikle adım adım kendinizle daha farklı şekillerde buluşmaya başlayabilirsiniz.

Müzik

Klasik Türk Müziğinde makamlar, Batı Müziğinde diziler kendine has ruh hallerini çağırırlar. Selçuklu İmparatorluğu'nda 12. yüzyılda ruh ve sinir hastalıklarının müzik kullanılarak tedavi edildiği biliniyor. Bu tedavi yöntemi, 13. yüzyıldan itibaren Osmanlı İmparatorluğu döneminde genişletilerek sürdü.

O dönemden beri her makamın vücudun belirli bölgelerine etki ettiğine, özellikle nabız ve müzik arasındaki bağa önem verildi.

Çalıştığım psikiyatri hastanesindeki müzik terapi seanslarında müziğin özellikle konuşamayan hastalarda ve ağır şizofreni vakalarında kişiyi organize edici ve çevresiyle bağ kurmaya yönlendirici etkisini bizzat gözlemledim.

Makamlar aşırı aktivasyonu sakinleştirebilir, huzur halini uyandırabilir ve karmaşık içsel duyguları ifade etme olanağı verebilir. İç hallerimiz de bir anlamda makamlara, dizilere benzer. Her içsel halin adeta kendine özgü bir melodi dizisi vardır.

Bir makam, şiir ve tempo buluştuğunda şarkı oluşur. Makamın söz ve ritimle birleşmesi belli bir duygusal atmosferi derinleştirir ya da ona başka bir katman ekleyebilir.

Örneğin hüzünlü bir makam hüzünlü sözler ve ağır bir tempo ile birleşebilir. Kişi şarkıyı duyduğunda doğrudan kendi üzüntüsüyle temas eder.

Beni Kör Kuyularda Merdivensiz Bıraktın eseri buna çok güzel bir örnektir. Öte yandan, bir şarkının hüzünlü sözleri daha neşeli bir ezgiyle birleştiği gibi hareketli bir tempo ve ritmik yapılarla da süslenebilir. Şarkı neşeli, iyimser bir ruh hali yayabilir. Ancak sözlere daha yakından bakıldığında, bunun aynı zamanda muazzam bir acıyla yoğrulmuş bir şarkı olduğu fark edilebilir. (Âşık Mahsuni Şerif'in *Dom Dom Kurşunu* türküsü)

Müzikal açıdan kaygı ve depresyon, belirli bir tempoda içimizde çalan makam ya da ses dizisi olarak tarif edilebilir. Bir müzisyen kulağı geliştirmeye heveslilysek dinlemeyi ve hatta içimizden gelen kaygı veya depresyon makamlarına ses vermeyi öğrenebiliriz. Bir melodi, ritim dizisi veya şarkı sözleri yazabiliriz. Hatta farklı bir makama veya ritme geçmeyi öğrenebiliriz.

Acının derinliğini yorumlayabilen, basitten karmaşık yapıya varan çok sayıda müzik eseri vardır. Müzikal ifadeyle birleştiğinde depresyon ve kaygı gibi acı veren içsel durumlardan büyüleyici melodiler üretilebilir. Depresyonun söyleyecek bir şarkısı olabilir. Endişenin sözleri veya hissedilecek bir ritmi olabilir. Kulak verirsek, duyduklarımızı ifade edebilirsek, acıyı dönüştürme sürecini başlatırız.

Bu süreçte benzer acıyı yaşayan tanıdık tanımadık insanların duygularına da dokunabiliriz. Acıyla bu tür bilinçli, yaratıcı bağlantı, kişinin kendi kendiyle sohbet edebildiği, acısını sindirebildiği bir dönüşümün kapısını aralar.

Depresyon veya aşırı kaygının sürmesinin bir nedeni, onun hizmet ettiği amacı anlamaya gayret etmeden durumdan kurtulmaya çalışmamızdır.

Aynı depresyon ya da kaygı makamı takılı bir plak gibi içimizde çalmaya devam eder. Bunu yapar çünkü sözleri, makamı, usulü dinlemek için yavaşlamayız. Bu nedenle nereye evrilmek isteyebileceğini asla öğrenemeyiz. Ruh halimizden o kadar bunalırız ki, onunla sağlıklı temas edebileceğimiz her türlü bakış açısıyla bağlantımızı kaybederiz.

Depresif durumdan kurtulmaya çalışırken kendimizi uyuşturmaya, yargılamaya, kendimizden ve yaşamdan nefret etmeye başlayabiliriz. Tek bir diziye, tek bir makama, dinlemek istemediğimiz tek bir şarkıya maruz kalmışız gibi algılayabiliriz. Tempoyu değiştirmenin bir yolu yokmuş gibi hissedebiliriz. Bunun hayat boyu duyacağımız tek melodi olduğuna inanabiliriz ve bu şekilde kendimizi korkuturuz.

Belki de şarkının gerçekten ihtiyacı olan tek şey onu duymak isteyen bir kulaktır. Yeni bir ses, olanı duyma isteğimizin içinden çıkabilir.

Yıllarca babama konserlerinde eşlik ettim. Her konser öncesi repertuarımızı şarkıların ruh haline ve temposuna göre planladık. Ağır tempolu şarkılar (düşük uyarılma, sükûnet) birbiri ardına çalınırsa, seyirci yerinde kıpırdamaya ve öksürmeye başlardı.

Çok fazla hızlı şarkı art arda geldiğinde (yüksek uyarılma) bu sefer yine konsantrasyon dağılırdı. Repertuarda aktivasyon ve sükûnet arasında bir denge kurmamız gerekiyordu. Bu şekilde akıcılığı ve seyirciyle bağlantımızı kaybetmezdik.

İç çalışma da buna benzer. Önce repertuarınıza bakarsınız. Devamlı çalan bir şarkı varsa önce onu fark edersiniz. Yani kendinize kaygı veya depresyonun sesini duymak için izin vermeyi sonra da onların ezgilerini bilinçli olarak çalmayı öğrenirsiniz. Bunu bilinçli yaparak, konserinizin repertuarını yavaş yavaş geliştirirsiniz.

Aynı şarkının tekrar tekrar çalmaya devam ettiğini fark ettiğiniz anda bir seçim şansı doğar. Şu düşünceyi kabul etmek zorunda değilsiniz, "Keman aynı hüzünlü melodiyi çalmaya devam ediyor. Yapacak bir şey yok." Var.

Kemancıya, "Bir dakika dur" dersiniz veya "ne kadar hüzünlü çalıyorsun" diyerek onu gerçekten dinleyebilirsiniz. Melodiyi bilinçli olarak kendiniz çalabilirsiniz. Orkestranın diğer üyelerinden kemanı desteklemelerini isteyebilirsiniz. Perküsyoncudan bir solo talep edebilirsiniz.

Asıl soru, bir seçeneğiniz olduğunu anlamanıza neyin engel olduğudur. Kemanın melodisini gerçekten dinlemeye başlarsanız zamanla keman kendi kendine farklı bir makama ve tempoya geçmek isteyecektir.

İç çalışma dinleme kapasitesini geliştirmekle ilgilidir. İçinizdeki seslere kulak verdikçe, onlara özlemlerini ifade etme imkânı sağlarsınız. Bazılarımıza kendine bu şekilde kulak vermek önceleri güvenli gelmeyebilir. Bu yüzden bir süre desteğe, bazı "dinleme derslerine" ihtiyaç duyulabilir. Duymaya izin vererek, içsel yapılanmamızı ve uyum duygumuzu yeniden inşa ederiz.

 ### En sevdiğiniz şarkının anlamını keşfedin...

Bir arkadaşım Gaetano Donizetti'nin bestelediği *Una Furtiva Lagrima* aryasına hayrandı. *Saklı Kalmış Bir Gözyaşı* olarak çevrilen bu aryayı yıllarca bıkmadan defalarca dinlediğini anlatmıştı. Bir gün bana bu aryanın onun kendi içinde saklı kalmış gözyaşlarına işaret ettiğini anladığını söyledi. Bu müziğin kendimizle ilgili duygusal mesajları bize yansıtma gücüne çok güzel bir örnek.

- *Sevdiğiniz bir şarkıyı aklınıza getirin ve söylemeye başlayın.*

- *Söylerken şarkının sözlerine dikkat edin.*

- *Bu şarkının mesajı ne?*

◆ *Bu şarkının mesajı sizinle ilgili size ne söylüyor?*

Konuşma Melodisi

Kendi sesimiz her zaman bizimle birlikte olan bir müzik aletidir. Konuştuğumuzda "şarkı söyleriz". Konuşmamızın kendine has melodisi vardır. Ayrıca "mmmm, aaay, hmmm, ha, yaaaa, ooo…" gibi seslerle değişik tonlardan kendimizi ifade ederiz. İster konuşarak ister müzikle yapalım, sesimizdeki melodi duygu durumumuzu ortaya çıkarma ya da değiştirme gücüne sahiptir.

Sesimizi kullandığımızda birçok faktör devreye girer: Nefes, ritim, tonlama, rezonans bölgeleri, sözler, imgeler ve bedensel duyular. Tüm bu faktörler, içinde bulunduğumuz duygusal durumu ve sinir sistemimizin durumunu hem yansıtır hem de onu etkiler.

Ses, özellikle kendi sesimiz, kendimizle ve başkalarıyla nasıl bağlantı kurduğumuz konusunda duygusal bilgiler içerir.

Birkaç günlüğüne sesimi kaybettiğimde, sesimin çevremle bağlantı kurmam ve kendimi güvende hissetmemde ne kadar önemli bir rolü olduğunu anlamış, onsuz kendimi çok savunmasız hissettiğimi fark etmiştim.

Türkiye'ye giden bir uçaktaydım. Boğazımı üşüttüğümden sesimi tamamen kaybetmiştim. Yanımda oturan iki kişi İstanbul'u tanıyıp tanımadığımı sormuştu. Evet anlamında gülümseyerek başımı salladığımı hatırlıyorum. Sonra belli bir yere nasıl gidebileceklerini öğrenmek istemişlerdi.

Cevap vermek için ağzımı açtığımda sesimin çıkmadığını hatırlamıştım. Çok tuhaf bir andı. Birkaç saniye nasıl iletişim kuracağımı bilememiş, sonunda sordukları adrese nasıl ulaşabileceklerini yazarak anlatmıştım. Sesim çıkmadığı için özür dilemek istemiş, daha önemlisi sesimi kaybetmenin benim için ne kadar korkutucu olduğunu anlamıştım.

Çocukluğumuzda ebeveynlerimizin ve bize bakan diğer erişkinlerin sesleri sinir sistemimiz üzerinde büyük etki yaratır. Bebeklikte, konuşma öncesi dönemde, duygusal mesajları göz teması, dokunma ve ses yoluyla alır ve iletiriz.

Göz teması, kucaklanma, sallanma, emzirilmenin yanı sıra yatıştırıcı ses tonu kendimizi güvende hissetmemizi sağlar. Ninnilerin bu yüzden önemi büyüktür. Daha sonra kelimeler yine ses tonuyla duygusal bilgileri sistemimize iletir.

Ancak bakıcının sesi sert veya korkutucuysa, sistemimiz buna korkuyla karşılık verir. Nefesimizi tutabilir, boynumuzu veya karnımızı sıkabilir, sesimizi kesebilir veya yüksek sesle canhıraş çığlıklar atabiliriz.

Duyguların bastırıldığı veya gizlendiği bir ortamda büyüdüysek, ses tonuna karşı daha da duyarlı oluruz. İlişkide olduğumuz kişileri rahatsız etmemek adına kendi sesimizi kısarak çevreye uyum sağlamak zorunda kalmış olabiliriz.

Doğal olarak çevremizdeki insanların seslerini ve konuşma şekillerini taklit ederiz. Uzun yıllar dostlarımız evdeki telefona cevap verdiğimde beni annemle karıştırırdı çünkü konuşma melodimiz birbirine çok benziyordu.

Heyecanlandığınızda, sevindiğinizde, üzüldüğünüzde, öfkelendiğinizde ya da ciddi olduğunuzda sesinizin tonuna dikkat edin. Sesiniz tanıdığınız birinin sesine benziyor mu? Etrafınızdaki kişiler sesinizi tanıdıkları başka birine ya da birilerine benzetiyorlar mı?

Bazılarımız kelimelere güvenilemeyeceği ve sesli ipuçlarına karşı sürekli tetikte olunması gerektiği kanısına varmış, söyleneni değil ima edileni dinlemeyi ve kendini ima edilene adapte etmeyi öğrenmiş olabilir.

Bu şekilde belki biz de net olmak yerine, "evet" derken "hayır" demeyi, "hayır" derken "evet" demeyi pratik ederiz. Konuşurken ses tonunuzu gözlemleyin. Konuşma sesiniz size içsel durumunuza ve etrafınızdaki kişilerin ses tonlarının sizi nasıl etkilediğine dair bilgi verecektir. İçsel durumunuzu sesinizi kullanarak etkileyebilirsiniz.

 ### *Farklı ses tonları deneyin...*

Aşağıdaki cümleyi değişik tonlarda okuyun. Her tonu üç defa tekrar edin, biraz bekleyin. Sonra diğer tonlamaya geçin.

"Ben önemsiz biriyim"

◆ *Fısıldayarak ve ciddi*

◆ *Gülümseyerek ve yumuşak ses tonu*

◆ *Bağırarak ve haber sunar gibi*

◆ *Alçak ses tonu ve dalga geçerek*

Hangi ses tonu ve mesajı sevdiniz? Tekrar edin.

Şimdi şu cümleyi yukarıdaki gibi dört farklı şekilde birkaç defa arka arkaya seslendirin. Farklı tona geçmeden önce beklemeyi unutmayın.

"Ben değerliyim"

Hangi söyleyiş şeklini sevdiniz? Tekrar edin.

Şimdi size güven veren bir ses tonu aklınıza getirin. Tanıdıklarınız arasında güven veren bir ses tonuna sahip biri var mı?

Bu ses tonunu sizin için güvenli yapan nedir?

Bu ses tonunu aklınıza getirdiğinizde ne hissediyorsunuz?

Nefes

Nefes yaşamın yakıtıdır. Aynı zamanda duygusal durumları ifade etmek ve değiştirmek için en etkili araçtır. Endişeliyken nefesimiz hızlanır ve göğsümüze dolar. Akciğerlerimizin az bir bölümünü kullanarak kısa nefesler alırız. Bu, kanımızdaki karbondioksit seviyesini azaltan "hiperventilasyona" neden olur.

Sağlıklı nefes almakta diyaframa ve göğüs kafesini çevreleyen kaslara büyük rol düşer.

Diyafram karın bölgesini göğüs bölgesinden ayıran çok önemli bir kastır. Nefes alıp verdiğimizde aşağı ve yukarı doğru hareket eder.

Diyafram kasılı olduğunda rahat bir şekilde nefes alıp verme kapasitemiz etkilenir. Bunun duygusal karşılığı dışardan bir şey almakta ya da dışarıya bir şey iletmekte zorlanmaktır.

Kasılı bir diyaframa zincirleme tepki olarak boynumuz ve çenemiz gerilir, omurgayı çevreleyen kaslar kasılır ve ses çıkarmak çok daha fazla çaba gerektirir. Daha fazla çaba gerektiği için konuşmaktan kaçınabilir, sesimizi beğenmeyebiliriz. Bu, "Ben konuşunca insanlar neden beni dinlesin ki" gibi bir inanç doğurabilir ya da bu yerleşik inancın bir sonucu olarak diyafram kasılmış olabilir.

Bedensel reaksiyon, duygusal zihinsel durumumuzun bir yansıması olabileceği gibi duygusal ve zihinsel durumumuzu da etkileyebilir.

Şarkıcılar bedenlerindeki nefes hareketlerini fark etmeyi öğrenirler. Kaburgalarının hareketini izleyerek, akciğer kapasitelerini genişletmek üzere egzersiz yaparlar. Müzikal cümleyi destekleyebilmek, volümü ayarlayabilmek için doğru miktarda enerji kullanmayı, gevşemeyi ve gücü dengelemeyi öğrenirler.

Nefesin karnı, kaburgaları ve hatta sırtı hareket ettirdiği fark edildiğinde, şarkıcıya daha fazla nefes depolama alanı, rezonans boşluğu ve destek sağlanır. Şarkı söylemek, uzun soluklarla ve ardından kolay nefeslerle yapılan müziktir.

Nefes çalışmaları kişinin duygusal durumunu da etkiler. Derin nefes almak ve uzun nefes vermek bizi sakinleştirir ve topraklar. Aşırı kaygının fizyolojiyi aktive ettiğini biliyoruz. Uzun nefes vererek tek bir tonla bile olsa ses çıkarmak sinir sistemimiz üzerinde yatıştırıcı etkiye sahiptir.

 *Yavaşlayın ve nefesinizi fark edin...*

Bu çalışmanın daha uzun ve detaylı versiyonunun kaydına şuradan ulaşabilirsiniz:

hazalselcuk.net/tunel

İsterseniz bu çalışmayı okuyarak da yapabilirsiniz.

- *Uzanın, gözlerinizi kapatın ve nefes alıp verişinizi fark edin.*

- *Ellerinizi karnınıza koyun ve karnınızın nefesle hareketini, inip kalkmasını gözlemleyin.*

- *Sonra uzun nefes verin, nefesinizi verirken karnınız dışarda kalmaya devam etsin, nefesin bitimine doğru insin. Nefes kendiliğinden karın bölgenize dolsun.*

- *Birkaç defa tekrarlayın.*

- *Şimdi nefesinizi verirken hava ses tellerinizi titreştirsin, "aaaa" veya "oooo" harfiyle nefes bitimine kadar sesinizi çıkarın. Birkaç defa tekrarlayın.*

- *Ne deneyimliyorsunuz?*

Rezonans

Rezonans, fiziksel anlamda ilk titreşimin kendisiyle uyumlu ikinci bir titreşimi başlatma ve sesin çevrenin akustik özellikleriyle şekillenip, rengini bulması olayıdır. Ses fiziksel olarak büyür, şekillenir ve zenginleşir.

Örneğin bir gitar teline vurulduğunda titreşim gitarın gövdesinde büyür. O gövdenin oluşturduğu akustik duruma has rengine bürünür. Gitarın gövdesi olmasaydı sesin rengi zengin ve dolu olamazdı.

Şarkı söylerken ve konuşurken, havanın ses tellerinizi titreştirmesiyle ton rezonans boşluklarında; göğsünüzde, ağzınızda, boğazınızda, kafa ve nazal boşluklarda şekil bulur. Bu boşluklardan bazılarına aktif olarak şekil verebilir, örneğin ağzınızdan çıkan sesi kelimelerle şekillendirebilir ya da güçlendirebilirsiniz.

Ayrıca bedeninizdeki rezonans boşluklarını fark etmek fiziksel olarak içinizde olan alanla bağlantı kurmak demektir. Bu fiziksel eylemin duygusal karşılıkları da olacaktır.

Depresyon ve anksiyete çaresizlik duygusuyla beslenir. Bir düşünce ya da duygu içinde sıkıştığınızı düşünmek, iç ve dış kaynaklara ulaşamamak umutsuzluğu pekiştirir.

Sesinizin bedeninizle ilişkisini, özellikle rezonans boşluklarıyla etkileşimini keşfetmek için kendinize zaman ayırdığınızda kendinizle uyumlanmaya başlar, bedeninizdeki geniş alanlarla bağlantı kurmayı seçmiş olursunuz. Bu eylemler sinir sisteminize sıkışmanın tam aksi bir mesaj verebilir. Hareket ve ferahlamayı sinir sisteminize bu şekilde davet edebilirsiniz.

Bedende her şey birbiriyle bağlantılı olduğu için, sesinizle yarattığınız ferahlama bedensel, zihinsel ve duygusal durumunuzu da etkileyebilir.

 **_Rezonans boşluklarını keşfedin..._**

Bu çalışmanın kaydına şuradan ulaşabilirsiniz:

hazalselcuk.net/tunel

İsterseniz bu çalışmayı okuyarak da yapabilirsiniz.

- *Lütfen önce rahat edebileceğiniz bir yere uzanın.*

- *Ve nefes alıp verişinizi fark ederek başlayın.*

- *Bir süre her nefes alıp verdiğinizde göğüs kafesinizin ve kaburgalarınızın hareketini gözlemleyin.*

- *Şimdi nefes verirken "o" harfiyle önce sessiz nefes verin.*

- *Üç defa bunu tekrarlayın.*

- *Şimdi bırakın hava ses tellerinizi titreştirsin ve kalın bir tonda "o" harfiyle çıksın ses.*

- *Elinizi göğsünüze koyun ve yine sesinizi "o" harfiyle verirken, o bölgenin titreşimini elinizde hissedin. Sizin için sesin o bölgede tınlaması rahat mı, rahatsız mı?*

- *Daha kalın bir ton seçin ve tekrarlayın.*

◆ *Bir kez daha deneyelim. Gövdenizde titreşimi şimdi nerede hissediyorsunuz?*

◆ *Bir dakika boyunca bu iki değişik tonda o harfini seslendirin.*

◆ *Durun. Ve ne hissettiğinize bakın. Ağır, hafif, gergin, rahatlamış?*

◆ *Şimdi daha tiz bir tonda "i" harfini tonlayın. Beraber tekrarlayalım.*

◆ *Bir kere daha yapın ve hangi bölgenin ya da bölgelerin titreştiğine dikkat edin. Ağız boşluğunuz ve burun bölgeniz mi, göğüs bölgenizde hâlâ titreşim var mı?*

◆ *Ellerinizi titreşim hissettiğiniz bölgelere koyun ve tonlamayı birkaç defa tekrar edin.*

◆ *Şimdi birkaç defa kalın "o" ve ince "i" arasında gidip gelin.*

◆ *Hangi harf ve hangi bölge sizin için daha rahat?*

◆ *Neden daha rahat, nasıl tarif edersiniz?*

◆ *Şimdi en rahat ettiğiniz sesli harf ve tonda nefesinizi verin.*

◆ *Bunu bir dakika boyunca tekrarlayın.*

◆ *Şimdi durun: Ne fark ediyorsunuz? Daha yorgun, daha endişeli? Daha rahat, daha enerjik?*

Sesle yapılan şifa çalışmalarında her şeyin doğal olarak kendi rezonans frekansında titreştiği söylenir. Sesinizi o frekansa getirdiğinizde o şeyin enerjisi açığa çıkar.

Sesle şifa çalışmalarında düşünceler ve duyguların da çeşitli frekansları olduğundan söz edilir. Bir duygu ya da düşünceyi tonladığınızda hatta onun rezonans frekansını bulduğunuzda değişimin başladığı öne sürülür.

Kanımca bunun meali kişinin içinde bulunduğu duygusal hali itmeden, ötelemeden, o durumla bilinçle var olabilmesidir. Sesiniz değişik hallerinizi ifade ettiği gibi, o halleri değiştirmek için bedeninizde olan muhteşem bir enstrümandır. Sesinizin "güzel" olup olmamasından bağımsız olarak, sesinizle yapacağınız bilinçli çalışma sizin kendinizle bağlantınızı artırır ve duygusal durumlarınızın dönüşmesine yardımcı olabilir.

Örneğin huzurun bir sesli harfi ve tonu olsa ne olurdu? Deneyin hangi ton ve ünlü harf size huzur veriyor? Ben "u" harfini seviyorum. İsterseniz deneyin. "U" harfiyle birkaç defa tek bir ton söyleyin. Hatta "u" harfini tonlayarak paragrafı okumaya devam edebilirsiniz.

Vücudunuzun hangi bölgesinde titreşim yoğunluğu var? Oraya elinizi koyabilirsiniz. Bu tonlama egzersizini özellikle aşırı kaygıdan kaynaklanan aktivasyonu dengelemek amacıyla yapabilirsiniz. Düşüncelerinizi, duygularınızı, beden duyumlarınızı mırıldanarak, sesli harfleri, ünsüzleri, kelimeleri tonlayarak ifade edebilirsiniz.

Belki de bunun en basit yolu hoşunuza giden bir şarkıyı söylemek ve bu şarkının vücudunuzda rezonans boşluklarında tınlamasına izin vermek olabilir. Deneyin.

Şarkıyı söylerken hangi bölgelerde titreşim hissediyorsunuz? Bu sizde nasıl duygular uyandırıyor?

Hangi ton size huzur veriyor, ne size enerji veriyor? Hangi kelime hangi duyguyu çağrıştırıyor, bedeninizde hangi bölgede tınlıyor? Herkesin deneyimi özel olduğu için bunu kendinizin araştırması, denemesi ve sonucu fark etmesi gerekiyor.

 *Kendine uyumlanma çalışması...*

Bu çalışmanın kaydına şuradan ulaşabilirsiniz:

hazalselcuk.net/tunel

- *Lütfen çalışmaya şu anda duygusal ve enerjik olarak durumunuzu fark ederek başlayın.*

- *İçinde olduğunuz enerjik durumu bir sesli harfi tonlayarak ifade etmeye başlayın. Bu Oooo, iiii, aaaa, ya da başka bir sesli harf olabilir.*

- *Birkaç defa daha seçtiğiniz sesli harfi tonlayın.*

- *Şimdi aynı harfi bir dakika boyunca daha düşük volümle tonlayın.*

- *Enerji durumunuzda fark gözlemliyor musunuz?*

- *Şimdi de aynı harfi birkaç defa daha yüksek sesle tonlayın.*

- *Enerji durumunuzda bir değişiklik var mı?*

- *Lütfen bir de aynı harfi kendinizi en rahat hissettiğiniz volümde tonlayın.*

- *Dinlenin.*

- *Sizi rahatsız eden bir düşünce aklınıza getirin.*

- *Ve bu düşüncenin verdiği duyguyu sessiz harfleri art arda getirerek ifade edin.*

- *Volümü yükseltin*

- *Volümü düşürün.*

- *Şimdi en rahat hissettiğiniz volümde kalın.*

- *Şimdi de içinde olmak istediğiniz bir duygu ya da enerji durumunu hayal edin. Bu huzur, ferahlama, neşe, sükûnet, ya da istediğiniz başka bir durum olabilir.*

- *Bu durumu ifade eden bir ton ve sesli harf bulun ve birkaç defa tonlayın.*

- *Yine volümle oynayın.*

- *Ve dinlenin.*

- *Ne deneyimliyorsunuz?*

- *Hoşunuza giden bir his varsa, ferahlama, rahatlama gibi, kendinize bu hisle kalmak için zaman verin.*

Tempo ve Ritim

Tempo, müziğin hızı ile ilgilidir. Ritim tempo içinde kullanılan ritmik cümleler ve çeşitlemelerdir. Bir şarkının ritmik yapısı ve temposu fizyolojimizi etkiler ve bizi belirli bir ruh haline sokar. Birçok gelenekte, aşkın bir halle temas edebilmek için belirli bir ritmik yapının tekrarı kullanılır.

Şarkı söylerken, *"legato"* her notanın bir sonrakine bağlandığı uzun cümleleri tanımlamak için kullanılan bir müzik terimidir. *"Staccato"* notanın kısa ve bağımsız çalınacağını belirten bir terimdir.

Türkiye ritim yapıları açısından çok zengin bir ülkedir. Aksak ritimler, halk danslarına, davul, bendir, kudüm, darbuka cümlelerine ve günlük hayatı yaşarken farkında olmadan sistemimize yerleşmiştir.

Kültürlerin müziklerinde ifade bulan günlük yaşama işlemiş tempo ve ritimleri olduğunu düşünürüm. Coşkulu ritmik yapılar daha hareketli, neşeli ifadeleri ortaya çıkarır aynı zamanda zorlukları aşmak için enerji verir.

Kültürler arası halk danslarını incelediğinizde, çok zor koşullarda yaşayan halkların danslarındaki coşkuya tanık olabilirsiniz. Dans ve müziğin kadim halkların kendilerini ifade biçimi olduğunu hatırlarsak bugün sanat terapisi diye adlandırdığımız metodun eski zamanlardan günümüze gelen doğal bir iyileşme, bütünleşme, etkileşim yolu olduğunu açıkça görürüz.

Konuşurken de ruh halimize bağlı olarak konuşmamızın belli bir temposu ve ritmik yapısı vardır. Genel tempomuz hızlı veya yavaş olabilir, cümlelerimiz *legato* veya *staccato* olabilir.

Depresyonun temposu daha yavaştır. Kaygı daha hızlı bir tempoya ve çeşitli ritmik yapılara sahiptir. Tempomuz duygusal durumumuza göre değişir.

Tempomuzu bilinçli olarak değiştirmek dinleyicinin olduğu kadar bizim de ruh halimizi etkileyecektir. Örneğin kasıtlı olarak konuşmanızı yavaşlatırsanız mesajınızı iletme yeteneğinizi artırabilir ve diğer kişinin o mesajı almasını kolaylaştırabilirsiniz. Hızlı konuşmaya başladıktan bir süre sonra enerjinizde yükselme hissedersiniz. Konuşmanızı yavaşlattığınızda ise sakinleştiğinizi fark edebilirsiniz.

Bazılarımıza yavaşlamak ya da hızlanmak çeşitli sebeplerden güvenli gelmeyebilir. Tempo ve ritim kendimizle ve hayatla kurduğumuz ilişkinin nabzıdır. Bu yüzden öncelikle olaylar karşısında temponuzu fark etmek, nasıl ilerlemek istediğinizle ilgili sizi yönlendirebilir.

 *Tempo ve ritminizi fark edin...*

- *Şu anki temponuzun farkına varın. Yavaş mı hızlı mı?*

- *Bu temponuzdan memnun musunuz?*

- *Eğer öyleyse bu memnuniyeti nasıl hissediyorsunuz? Size memnun olduğunuzu söyleyen ne?*

- *Şimdi şu cümleyi söyleyin: "Nefes alıp veriyorum."*

- *Cümleyi aynı tempoda üç defa tekrar edin.*

- *Şimdi gittikçe hızlanarak beş defa söyleyin.*

- *Şimdi çok yavaşlayın ve üç defa söyleyin.*

- *Ne fark ediyorsunuz?*

◆ *Şimdi sizin için en rahat tempoyu bulun ve üç defa söyleyin.*

Perde ve Volüm

Perde bir notanın hangi frekansta olduğu hakkında bilgi verir: Kalın, orta ya da ince. Piyanoda kalın sesler solda, yüksek sesler sağdadır. Soldan sağa ilerledikçe piyano telleri kısalır ve çıkan ses incelir.

Volüm bize çıkan sesin enerjik yoğunluğu hakkında bilgi verir. Piyano tuşuna yumuşak dokunduğumuzda ses daha düşük çıkar, daha fazla güç verdiğimizde teller daha enerjik titreşecek ve ses daha yüksek çıkacaktır. Perde ve volüm ilişkisi bize eserin yorumunu zenginleştirme imkânı sağlar.

Ne zaman şarkı söylesek veya konuşsak, perde ve ses yüksekliğimiz değişir. Bu sözel olmayan faktörler, bir konuşmacının durumu veya bir şarkıcının icra ettiği şarkının ruh hali hakkında duygusal bilgiler iletir.

Bir notanın incelik kalınlık derecesini gösteren perde, ses yüksekliği, tempo ve ritimle birleştiğinde sakinleştirici, heyecan verici, rahatlatıcı, üzücü, ya da öfkeli mesajlar verebilir.

Çok tiz perdeden ve yüksek bir sesle bir ninni söylediğinizi hayal edin. Bunun muhtemelen bebek üzerinde korkutucu veya harekete geçirici bir etkisi olacaktır.

Hayvanlar perdeye ve yoğunluğa karşı çok hassastır. Biz insanlar da öyleyiz. İletişimde ses tonu ve yoğunluk kelimelerden çok daha fazla anlam taşır.

Genellikle kaygının perdesi yüksek, temposu hızlı ve volümü yüksektir. Depresyon kalın, yavaş ve daha sessizdir.

Sesinizi dinlemeye başladığınızda içsel durumunuzun perde, tempo ve volümle kendini nasıl ifade ettiğini fark edebilirsiniz. Ayrıca ses tonunuzun hem sizi hem de çevrenizdekileri nasıl etkilediğini, sizin de başkalarının ses tonu ve yüksekliğinden nasıl etkilendiğinizi gözlemleyebilirsiniz.

Ses farkındalığı yoluyla, vokal enstrümanınızın kapasitesini genişletmeyi öğrenebilirsiniz. Bu, sisteminizde aktivasyon ya da çökmeyi gözlemlemenizi ve etkilemenizi kolaylaştıracaktır.

Zamanla hem içsel duygu durumlarınızla hem de başkalarıyla daha bilinçli ve etkili iletişim kurma gücünüz artacaktır.

 **Perde ve Volümle Oynayın...**

- *Bir ninniyi ya da başka bir basit çocuk şarkısını aklınıza getirin.*

- *Önce bu şarkıyı size uygun gelen ton ve volümden söyleyin.*

- *Birkaç defa tekrar edin. Ne hissediyorsunuz? Sakinlik mi aktivasyon mu?*

- *Şimdi bu şarkıya hiç uymayacak bir perde seçin ve volümünüzü değiştirin. Ne deneyimliyorsunuz?*

- *Aşırı kaygının tam tersi nasıl bir ses tonu ve volümle ifade bulur? Ya depresyonun?*

- *Şimdi bu şarkıyı yukarıdaki sorunun cevabına göre, depresyon veya kaygının tam tersi olan ses tonu ve volümle tekrar söyleyin.*

- *Öfkelendiğinizde ses tonunuz ve volümünüz nasıl?*

- *Ya üzüldüğünüzde?*

Sözler

Sözler üzerimizde derin izler bırakabilir. Öyle ki on yıllar önce söylenmiş bir sözü bazen dün duymuşuz gibi hatırlarız. Bu söz belki içimizi acıtmış belki bize cesaret vermiştir.

Kendimizle konuşurken de başkalarıyla sohbet ederken de seçtiğimiz kelimelerle bir atmosfer yaratırız. Kelimeler içimizde ve ilişkilerimizde oluşan atmosferin iklimini etkiler.

Müzik sözlerle birleştiğinde belirli bir ortam yaratarak duygusal mesajlar iletir. Pek çok şarkı bir şiir üzerine bestelenmiştir.

Şiir ve müziğin birleşimi sadece kelimelerle anlatılması zor olan deneyimleri ifade etmeye olanak verir. Ölüm ya da kayıp ardından hissedilen ağır duyguların yanında neşe, coşku, öfke, hüzün, hasret, keder, şükran, sevinç, merhamet gibi pek çok duyguya şarkılarla ses verebiliriz. Şarkılar sayesinde en ağır duygusal halleri, en estetik şekilde dile getirebiliriz.

Sözcükler ritim, perde ve volümle beraber mesaj verir. Kelimeler hem başkaları hem de kendi üstümüzde yapıcı veya yıkıcı etki yaratabilir. Kelime seçimi konusunda daha bilinçli olmak öncelikle duygusal durumlarımızı hazmedebilmemiz için bize sağlıklı bir kapı açacaktır.

Bu farkındalık hem çevremizdekilerle iletişimimizi hem de yaşamla kurduğumuz ilişkiyi etkileyecektir. Düşünmeden kullandığımız söz kalıplarını fark etmek, bilinç dışımızdan yansıyan dinamikler hakkında bize ipuçları verir.

 **Kendinizle ilgili sözcükler...**

◆ *Depresyon ya da aşırı kaygı hissettiğinizde kendinizle ilgili hangi sözcükleri kullanıyorsunuz?*

◆ *Bu sözleri söylerken ses tonunuzu ve volümü-*
nüzü nasıl tarif edersiniz?

Tiyatro

Tiyatro ilişki dinamikleri üzerine kuruludur. Davranışlara ve ilişkilere şekil verir. Gerilimle oynar, çatışmayı dramatize eder, mizahı kullanır, duyguları ortaya çıkarır. İnce ruh hallerinden patlayıcı katarsislere kadar geniş bir ifade yelpazesini sergileyebilir ve yoğunlaştırabilir.

Oyuncular aracılığıyla duyguların işleyişine tanık olur ve olayları dolaylı olarak deneyimleriz. Duyguların ortaya çıkışını, başlangıçtan tırmanışa ve çözüme kadar, aşamalar halinde görürüz.

Diyelim ki sahnede bir karakterin çocukluktan yetişkinliğe yolculuğunu izliyoruz. Bir noktada depresyonla mücadelesini görüyoruz. Oyunun seyri boyunca depresyonun nedenini anlıyoruz. Karakterin sesini duyuyoruz, vücut dilini görüyoruz ve buna bir gözlemci olarak duygusal ve bedensel tepkiler veriyoruz.

Kalbimiz çarpıyor, gözlerimiz kısılıyor, heyecanlanıyoruz, öfkeleniyoruz, üzülüyoruz. Sözlü ve sözsüz onun ifadesine tanık olarak onun hakkında fikir sahibi oluyoruz; onunla hissediyor, eksiklerini ya da neye ihtiyacı olduğunu seziyoruz. Durumu hakkında yorum yapıyoruz.

Başka bir deyişle, seyirci olarak onun yolculuğuna tanık olurken kendi duygu ve düşüncelerimizi de ifade ediyoruz. O karakterin iyileşmesi ve gelişmesi için neye ihtiyacı olduğunu biliyoruz.

Tiyatro oyuncu ve seyirci için bir aynadır. Karanlığın konuşmasına, gelişmesine izin verebileceğimiz bir laboratuvardır. Tiyatro oyuncuya büyük, küçük, aptal, depresif, kızgın, üzgün olma, ses çıkarma veya sessiz kalma özgürlüğünü sağlar. Seyirci de izlerken kendine bu geniş yelpazeyi deneyimleme izni verir.

Tiyatro bilinçli olarak birkaç saatlik sürede yaşanan ve yaratılan hayattır. Zamanın durmasını, geriye ve ileriye hızla akışını deneyimleriz.

İç Arketipler

Tiyatro seyirciyi duygusal ve psişik güç taşıyan arketiplere bağlayan metaforlar ve görüntüler kullanır. Arketipler iç dünyanın yaşamla kurduğu köprü gibidir, insan deneyiminin yankısı olarak içimizde yaşarlar. Hâkim, şifacı, anne, baba, kral, aptal, şakacı, şüpheci, öğretmen, maceracı gibi değişik var olma hallerini temsil ederler. Kendi içimizde arketiplere ses verdiğimizde, daha önce erişilmemiş ya da sesini duyuramamış yanlarımız uyanır.

Arketiplerin merceğinden depresyon ve anksiyete anlatacak hikâyesi, iletecek mesajı olan karakterler olarak görülebilir. Hikâyeyi dinlemeyi öğrenir, karakteri bilinçli olarak deneyimlersek mesajları anlamak için alan yaratırız. Diyalog derinleşmemizi sağlayacak, öz farkındalık yaratacak, akışı, bağlantıyı, anlayışı ve iyileşmeyi besleyecektir.

Çoğu zaman, çocuklukta sağlıklı bir duygusal çevrenin olmadığı hallerde, içsel durumlarımız anlamlanmaz ve kendimizle nasıl var olacağımızı bilemeyiz. Bu nedenle yoğun duyguları hissetmek istemeyiz.

Bu korkunun çocukluktan geldiğini anlamak önemlidir. Geçmişten gelen olumsuz deneyimler, olası bir tehlike olarak geleceğe yansıtılır: "Kendimi kötü hissettiğimde yapayalnızdım ve çok korkmuştum; neredeyse öleceğimi düşündüm, bu yüzden asla kötü hissetmemeliyim."

Kendimizle olma kapasitemizi genişletmek, acı veren içsel durumları yönetmeyi öğrenmeyi içerir. Tiyatro aracılığıyla içsel durumlara bilinçli olarak ses vererek, aralarında daha fazla akış yaratmaya başlayabiliriz.

Tiyatro, ayrım veya yargılama olmaksızın ruhumuzun tüm seslerinin estetik bir düzen içinde çıkabileceği bir sahne yaratır. Farklı tüm seslerimiz duyuldukça içimizde daha fazla bütünlük hali deneyimleriz.

Mağara Çiçekleri

Yıllar önce Mağara Çiçekleri adında bir solo performans oyunu yazıp oynamıştım.

Oyunda depresyon temasını işledim. Depresyonla çalışmak için metaforların gücünü araştırdım. Her zaman uyumak isteyen depresif bir kadının iyileşme sürecini tanımlamak için bahçıvanlık metaforunu kullandım. Tohumlarını ne kadar sularsa sulasın bahçesinde çiçek açmadığından şikâyet ediyordu kadın.

Kendinden vazgeçmek üzereydi. Uyumaktan başka bir şey yapmak istemediğini söyleyip duruyordu. Bir gün arka bahçesinde toprağın altında birinin nefes aldığını ve konuştuğunu duydu. Endişeyle toprağı kazmaya başladı ve uzun yıllardır toprak altında yaşayan bir karakter ortaya çıktı: Tortu

Kadının toprağı kazdığını duyan Tortu, eksiklikleri ile görülmenin utancından kaçmak için toprağın daha derinlerine iniyordu.

Tortu'yu takip ederken, yeraltındaki mağaralarda saklanarak yaşayan başka karakterlerle karşılaştık: İntihar etmek isteyen hırpalanmış bir kadın, dövülmüş ve işkence görmüş kızgın bir adam, bebekliğinde kız çocuk olduğu için ihmal edilmiş yaşlı bir kadın, çocuklarını savaşta kaybetmiş yaşlı bir adam.

Bütün bu karakterler çok susamıştı. Ancak su kaynağını kontrol eden bir baykuş karakteri vardı. Baykuş kimseye su vermiyordu.

Davul çalan ve şarkı söyleyen "Çiçek Kadın" toprağın altındaki mağaralara girip çıkabiliyor ve yerin üstündeki diğer insanlarla konuşabiliyordu. Hem günlük hayata hem de yeraltı dünyasına hareket, ses, enerji, empati ve güç getirebilen bir karakterdi.

Çiçek Kadın her danstan sonra toprağa tohum atardı. Bazı tohumlar mağaralara düşerdi. Su olmadığı için tohumlar çiçeklenemiyordu. Tortu, sonunda Çiçek Kadın'ın yardımıyla baykuşu yenmeyi ve tohumlara su vermeyi başardı. Böylelikle tohumlar filizlenmeye başladılar. Mağara Çiçekleri açtı.

Bu performansı hazırlarken, kendi içimde büyük bir değişim yaşadım. Çiçek Kadın bana da bir tohum ekmişti, bu tohum yıllar sonra ben terapist olduğumda çiçek açtı.

O oyunun tamamlanmasından sonra bir daha asla depresyon yaşamadım. Hâlâ bugün depresif hissettiğimde, ruhumun bana önemli bir mesaj iletmek istediğini düşünerek, mesajı duymak için kendime kulak veriyorum. Kendimi iyi hissetmemeye izin veriyorum. Günümüzde üstümüzdeki daima "iyi hissetmek", "harika olmak", "hep iyi görünmek" baskısı çok fazla. Sanki mevsimin yıl boyunca yaz olmasını istiyoruz.

Bir şemsiyeniz, ceketiniz ve üzerinde çalışacağınız bir projeniz varsa yağmurlu günler çok verimli olabilir. Başınızı sokacak bir eviniz, bir battaniyeniz varsa, kar sessiz, huzurlu beyaz örtüsüyle daha güzel gelebilir. Bizim işimiz şemsiyeyi, evi ve sıcak battaniyeyi içimizde ulaşılabilir kılmaktır.

 **_Düşünme Molası..._**

- *İçinizde hangi arketipler dikkatinizi çekiyor?*

- *Size en ilginç geleni hangisi?*

- *Bu arketip kendini nasıl ifade ediyor?*

- *Onunla bağlantı kurmak size kendinizi nasıl hissettiriyor?*

Hareket

Hayat harekettir. Hareket halindeki enerjidir. Hareket güç üretir. Doğada bu hem bariz hem de incelikli biçimlerde görülebilir: Aniden kıyıdaki kayalara çarpan okyanus dalgalarının dramatik gücünden, yavaşça büyürken geometrik hareketin karmaşık sarmal modellerini sessizce oluşturan sulu meyvelere kadar.

Ağaçlar çok çeşitli hareket şekillerini yapılarında barındırırlar. Dallar benzersiz eğriler, spiraller ve kıvrımlarla göğe uzanır. Bir sincap, bir sirk sanatçısı gibi dallar boyunca atlayıp zıplayarak koşar. Ağacın gövdesinin içinde su yukarı ve aşağı akar. Işık yapraklara girer ve sonbaharda onları kırmızıya döndürür. Bir tohum filizlendiğinde, sonunda yetişip bir ağaç haline geldiğinde, zaman içinde ortaya çıkan enerjinin ve hareketin işleyişini görebiliriz.

Depresif bir içsel haldeyken, yaşam enerjisi donmuş ve hareket etme motivasyonu durmuş gibi hissedilir. Bizim hareket eksikliğimiz güçsüzlük ve tıkanıklık duygusunu daha da kuvvetlendirir.

Kaygılı bir durumda aşırı aktivasyon vardır, ancak enerjinin net bir yönü yoktur. Dolayısıyla enerji bir tamamlanma durumuna ulaşamaz. Nereye akacağını bilmeyen büyük dalgalar gibidir. Yön olmadan, dalgaların yoğunlukları artmayı sürdürür. Dalgalar kıyıya varamadan büyümeye devam eder. Sinir sistemindeki bu aşırı yoğunluk ve baskı panik hali ile sonuçlanır.

Peter Levine *Kaplanı Uyandırmak* adlı kitabında "*şifa girdabı*" da denilen travma girdabının hemen yanında oluşan bir zıt girdaptan söz eder.

Birbiriyle ilişkili bu iki girdap yan yanadır. Etkili bir şekilde kullanıldığında, söz konusu şifa girdabı terapideki iyileşme adımlarını hızlandıracaktır. Bu nedenle, depresyon veya kaygının hemen yanında bulunan iyileşme girdabıyla temas etmek bizi değişim ve bütünlüğe götürecek yolu açacaktır.

Levine iyileşme girdabının travma girdabının gücünü dengeleyen bir karşı girdap olarak nasıl oluştuğunu bir nehir metaforu kullanarak açıklar.

Bir nehrin yatağında bir darbe oluştuğunda, su nehrin yatağından dışarı doğru boşalmaya başlar. Bu, sinir sistemine ağır gelen, onun taşıyabildiğinden fazla yük deneyimlemesinin bir sonucu olan travma girdabıdır.

Ancak Levine, aynı zamanda suyu ters yönde nehre geri döndüren bir karşı girdabın da oluştuğuna dikkat çeker. Bu şifa girdabının içimizde de olduğundan bahseder; bunun farkına varmak ve onu kullanmak, bizi yaşam enerjisine yeniden bağlar.

Bu pencereden bakıldığında, endişeli veya depresif bir durumdayken dikkatimizi bir an için diğer tarafa doğru, iyileştirici girdabın bulunabileceği yere yönlendirmek faydalı olacaktır.

Örneğin, kaygılı bir durumda, yerçekimi tarafından desteklendiğimi hissetmek üzere dikkatimi yere, zemin tarafından desteklendiğim duygusuna yeniden yöneltebilirim. Yerçekimi vücudumun ağırlığını tutarak beni destekler. Bu yerden şifa girdabıyla bağlantı kurmaya başlayabilir ve kaygıyı tolere etmek için içsel kaynaklarımı kullanabilirim. Bedenimdeki hareket net bir yöne akmaya başlayabilir.

Bu yönü izledikçe, kaygıya ve korkuya yön verebilecek başka fiziksel hareketleri deneyimleme şansım artar. Bunun duygusal önemi de vardır.

Bedenimdeki enerji akışta kalmaya devam edecek ve sonunda emniyet duygusunu yeniden kazanma olanağım olacaktır. Sonrasında içimdeki endişeli durumu neyin tetiklediğini doğrudan keşfetmeyi seçebilirim. Kaygının altında yatan içsel dinamikleri merak edebilirim.

Hareket etme motivasyonu engellenmiş hissedilen depresif durumda ise öncelikle içimizde hâlâ neyin hareket halinde olabileceğini merak edebiliriz. Kanım damarlarımda dolaşıyor, kalbim atıyor ve ciğerlerim her nefes alışımda tekrar genişliyor.

Hücreler besleniyor, lenf düğümleri, böbreklerim, karaciğerim, midem, bağırsaklarım çeşitli hareket döngüleri içinde.

Varlığımızın iç zekâsı sürekli hareket ve dinlenme akışıyla meşguldür. Buna dikkat ederek, vücudumda bir tür hareket haliyle bağlantı kurabilirim. Fark ettiğim herhangi bir mikro hareketle duyusal ve duygusal olarak ilgilenmeye başlayabilirim.

Yeterince hareket alanım varsa ve içimde canlı bir dinginliğe erişebiliyorsam, bedensel işleyişimin derinliklerinde neler olup bittiğini fark etmem bile. Ama eğer bir şey dengede değilse, o zaman doğal akışımın nasıl bozulduğunu ancak acı yoluyla anlayabilirim. Genellikle ağrı, dengede olmadığımızın ve içeride olup bitenlere biraz dikkat ve destek vermemiz gerektiğinin bir işaretidir.

Bir kişinin sinir sistemi tehdit altında olmadığında, kişi sükûnet ve güven duygusu deneyimler.

Feldenkreis Metodu'nun kurucusu Moshe Feldenkreis iyi bir sinir sistemine sahip olmak ve iyi bir sinir sistemimiz olduğunu bilmemize gerek olmayan bir duruma gelmek için bize yardım edilmesi gerektiğinden bahseder.

Çünkü mekanizmayı düşünmeye gerek duymamak, bir denge ve akış durumunu ifade eder. Sistemde dikkat çekici aşırı veya dengesiz bir şey yoktur. Sinir sistemi hissedilmiyor çünkü arka planda, olması gerektiği gibi çalışıyor. O kadar mükemmel ki sanki yokmuş gibi.

Bu mercekten bakıldığında depresyon ve kaygı dikkatinizi çekmek isteyen sinyaller olarak görülebilir. Her ikisi de sisteminizin aşırı yük altında olduğunun, bu yükle mücadele etmek için aşırı kaygı ya da depresyon hali deneyimlediğinizin ve daha iyi bir denge durumuna ve akış duygusuna geri dönmeniz gerektiğinin sinyalleridir. Ama önce kaygı ve depresyonun hayat kurtaran işlevlerini onurlandırmanız gerekir.

Bilinçli sorgulama, hareket, dinginlik ve vücudunuzdaki dürtülere dikkat ederek, aşırı kaygı, donma veya depresyon durumunu yavaş yavaş çözebilirsiniz. Size daha fazla topraklanma, akış, yön ve güç kazandıracak şekilde yaşam enerjinize yeniden erişim sağlayabilirsiniz.

Zihnin Yönettiği Hareket

Hareket iki şekilde olur. Birincisi, bilinçli olarak zihnimiz tarafından yönlendirilen, belirli bir şekilde hareket etmeye karar verdiğimiz hareket şeklidir. Basit bir örnekle, sağ elimizi kaldırmayı seçmemiz ve bunu isteyerek yapmamızdır. Kendimizi yorgun hissettiğimizde veya hareket etmek istemediğimizde bile harekete geçmeye karar verebiliriz.

Örneğin, başlangıçta nasıl hissettiğimize bakmaksızın ya da iyi hissetmeyi beklemeden yürüyüşe çıkmayı veya biraz egzersiz yapmayı seçebiliriz; bahçe işleri yapmaya, bulaşıkları yıkamaya yahut evi temizlemeye karar verebiliriz.

Somatik çalışmalar yapabiliriz. Feldenkreis Metodu bu çalışmalara örnektir. Burada basit bir hareket yapma konusundaki içsel deneyimimizi gözlemleriz ve etkisini tüm vücudumuzda fark ederiz. Feldenkreis Metodu veya Alexander Teknik Çalışması gibi farkındalık odaklı hareket yaklaşımları fiziksel, duygusal ve zihinsel akışın yanı sıra içsel dinginliği, içsel bir temellenme duygusunu da besler.

Zihnin yönettiği hareket belirli bir hareket tarzı öğrenmeyi ve onu tekrarlayabilmeyi içerir. Farkındalık ağırlıklı çalışmalarda yavaş yavaş vücudunuzu belirli bir süre belirli bir şekilde hareket etmeye yönlendirirsiniz, aynı zamanda bu hareketin etkilerine tanık olursunuz. Bu yavaş ve bilinçli hareket şekli depresyon ve anksiyete tedavisinde çok etkili olabilir.

Araştırmalar hafif ila orta şiddette depresyonda egzersizin sağlıklı yan etkilerinin antidepresanlar kadar etkili olduğunu gösteriyor. Donma ya da çökme hali deneyimlemiş bir sinir sisteminde hareket etme motivasyonunun engellendiği göz önüne alındığında, kişi zihninin yönlendirmesiyle canı istemediğinde bile hareket etmeye karar verebilir.

Kişi kendini hareket etmeye yönlendirerek, bedenini ve beynini olumlu "iyi hissetme" kimyası yaratmaya özendirebilir.

Yeterince sık tekrarlandığında bu yeni bir alışkanlık oluşturacak ve genel olarak olumlu değişimleri teşvik edecektir.

Bu yüzden "hareket etmek içimden gelmiyor" duygusuna rağmen, 10 dakikalığına da olsa yürüyüşe çıkmayı başarmak çok önemli bir adımdır.

 *Hareket Molası...*

Bu çalışmanın kaydı için:

hazalselcuk.net/tunel

Eğer kayda ulaşma imkânınız yoksa bu çalışmayı okuyarak da yapabilirsiniz.

◆ *Dikkatinizi bedeninize vererek başlayın.*

◆ *Şu anda bedeninizin hangi bölgesi rahat? Hangi bölgesi kasılı?*

◆ *Hangi bölgesi canlı? Hangi bölgede uyuşukluk var?*

◆ *Duygusal olarak nasıl hissediyorsunuz?*

◆ *Zihniniz meşgul mü sakin mi?*

◆ *Şimdi lütfen el parmaklarınıza bakın ve onları istediğiniz gibi hareket ettirin.*

◆ *Şimdi bileklerinizle içe ve dışa doğru beş daire yapın.*

◆ *Ve ayak parmaklarınızı beş defa açıp kapatın.*

◆ *Şimdi birkaç dakika hem elleriniz hem ayaklarınız istediğiniz gibi hareket etsin.*

◆ *Harekete bacaklarınızı ve kollarınızı da katın.*

◆ *Kollarınızı bacaklarınızı silkeleyebilirsiniz.*

◆ *Gerinin, esneyin. Ayağa kalkabilir, daha fazla alan kullanabilirsiniz.*

◆ *Birkaç dakika boyunca hareketinizi sürdürün.*

◆ *Şimdi iki kolunuzu birden, birine ya da bir şeye uzanacak gibi öne uzatın bekleyin.*

- *Ve yavaşça aşağı indirin. Dinlenin.*

- *Şimdi iki kolunuzla göğe uzanın. Bekleyin ve kollarınızı tekrar aşağı indirin.*

- *Kollarınızı iki yandan açarak yavaş yavaş yeniden yukarı kaldırın. Göğe uzanın ve göğe bakın, nefes alın, verin.*

- *Dirseklerinizi yavaşça kırmaya başlayın ve bırakın kollarınız düşsün. Dinlenin.*

- *Tekrar kollarınızı iki yandan açarak yavaş yavaş yeniden yukarı kaldırın. Göğe uzanın ve göğe bakın, nefes alın verin.*

- *Dirseklerinizi yavaşça kırmaya başlayın ve bırakın kollarınız düşsün.*

- *Gövdenizi silkeleyin.*

- *Omuzlarınızı beş defa kulaklarınıza getirin ve düşürün. Dinlenin.*

- *Tekrar kendinize sorun: Bedeninizde hangi bölge açık, hangi bölge uyuşuk?*

- *Şu an bedeninizde hangi bölgeyi canlı hisse-diyorsunuz?*

- *Duygusal ve zihinsel durumunuz şu anda nasıl?*

Beden Kaynaklı Hareket

Diğer hareket şekli bedenden kaynaklanır. Yani, nasıl hareket edeceğine bedenimizin kendisinin karar vermesine izin veririz.

Basit bir örnek: Dikkatimizi bedensel duyumlarımızı izlemeye yönlendiririz. Belki üst bedenimizin gerildiğini ve omuzlarımızın kendi kendine biraz kalktığını fark edebiliriz. Gevşemek için nasıl bir harekete ihtiyacı var omuzların? Bu soruyu sorduğumuz anda omuzlar kendiliğinden hareket edebilir. İşte bu beden kaynaklı harekettir.

Bu hareket etme şeklinde herhangi bir hareketin ne olacağına önceden karar vermeyiz. Vücudumuzun istediği zaman ve istediği şekilde hareket etmesine izin vererek, sadece içten gelen dürtüleri takip eder ve hareket ederiz. Vücut yapmak istediğini yapar. Esneyebilir, gerinebilir, dönebilir, yana, arkaya, yukarı uzanabilir. Seğirebilir, sallanabilir, titreyebilir, kapanmaya, açılmaya, uzanmaya, itmeye, kavramaya veya başka herhangi bir şeye doğru hareket edebilir.

Dikkatimiz sadece vücudun dürtülerini takip eder, hareketi yönlendirmeye veya kontrol etmeye çalışmaz. Bu tür istemsiz hareketler gerçekleştiğinde, vücudun kendi hareket yolunu bulmasına izin veririz. Hareketin "ne anlama geldiği" hakkında herhangi bir hikâye analiz etmeye, yorumlamaya veya uydurmaya çalışmayız.

Hareket uygulamasının bazı biçimlerinde, örneğin Otantik Hareket, katılımcılar küçük gruplar halinde hareket eden kişinin hareketlerine tanık olurlar. Sonunda herkes kendi deneyimlerini-hareket eden ve tanık olan kişi olarak- paylaşır.

Bu konuşma sözlü olabilir veya yalnızca hareket yoluyla yapılabilir. Bu iletişim, hareket eden kişinin hareketlerinin, tanıkları nasıl etkilediği hakkında geri bildirim almasına olanak tanır. Tanıklar, hareket eden kişiyi gözlemlerken aktif bir algılama sürecine girerler. Tanıklık esnasında fark ettikleri kişisel duygu, düşünce ve diğer duyumları paylaşırlar.

Bedenden kaynaklanan hareket, bedenin hikâyesini duyumlar, dürtüler, ardından gelen hareketler ve görüntüler aracılığıyla anlatmasına olanak verir. Doğal akış için alan açılırken, hareket eden kişinin vücut ve kişisel psikolojik malzemesiyle diyalog kurması kolaylaşır. Bu yerden, güçlü mesajlar sunan imgeler veya metaforlar deneyimlenebilir.

Bu tür somatik hareket uygulamaları, kinestetik, proprioseptif farkındalığı (vücudu içeriden hissetmek ve dürtülerini takip etmek) harekete geçirir ve güçlendirir. Bedenin bilgeliğine erişimi kolaylaştırırlar. Bu bilgelikte kişinin ihtiyacı olan deva bulunur. Bu deva bir dizi hareket, ses, kelime, cümle, görüntü, fiziksel eylem, hareketsizlik veya güçlü bir psikolojik rezonansa sahip olabilecek herhangi bir şey olabilir.

Hareket çalışmaları derinden iyileştirici bir etki yapabilirler. Kendi içimizle yeniden bağlantı kurmamıza ve içsel akış, güç, topraklanma, esneklik, denge ve kendini ifade etme duygusunu deneyimlememize yardımcı olabilirler.

 *Hareket Molası...*

- *Bedeninizde kasılı hissettiğiniz bir yer saptayın.*

- *Bu bölgenin rahatlamak için neye ihtiyacı var?*

- *Bedeniniz kendiliğinden hangi harekete yöneliyor?*

Resim

Fiziksel ve duygusal manzaranızı keşfetmenin en etkili yollarından biri resim yapmaktır. Ben bu dalda yetenekli değilim, bu yüzden bir resim yaptığımda buna "renklerle oynamak" diyorum. Bana o an çekici gelen renkleri seçerken elimin kâğıt üzerinde şekiller oluşturmasına izin veriyorum.

Bir süre sonra resim benimle konuşmaya başlıyor ve ben renkler ve şekiller üzerinden bir diyaloğa giriyorum. Bu perspektif algısı zayıf olan benim gibi birinin resim yapmakla kurabildiği azamî iletişim.

Resim yapmak "sıkıntıdan kurtulmanın" harika bir yoludur ve aynı zamanda sıkıntıyı emniyetli dozlarda hissetmek ve onunla diyalog kurmak için güvenli bir mesafe yaratır.

Resim kâğıdı sıkıntıyı kendi üzerine alır ve sizin acıyla, problemle görsel olarak ilişki kurmanıza yardımcı olur. Bu estetik katılımla kişi yavaşlar ve sorununu farklı perspektiflerden görmeye başlar. Renklerle oynamaya devam ettikçe resmin gözünüzün önünde dönüştüğüne tanık olabilirsiniz.

Estetik yüzleşme ve renklerle oynama haline daha fazla odaklandıkça, anbean karar vermeye de devam edersiniz. Bunlar, her biri içsel manzaranızda da yankılanacak estetik kararlardır. Gözünüzün önünde gerçekleştiğini gördüğünüz değişimler, gelişen resim ya da çizimle birlikte olmanıza izin verirken içinizde de yankılanabilir. Renklere, boyuta, şekillere, resimlere siz karar verirsiniz. Bu süreç muazzam iyileştirici bir değer taşıyabilir.

Çizim gibi estetik bir faaliyetle meşgul olduğunuzda, depresyonun kâğıt üzerinde nasıl temsil edildiğiyle ilgilenmeye başlarsınız. Bu yaratıcı süreçte yeni bilgilerin ortaya çıkması için alan vardır. Eski bir sorunla ilişki kurmanın yeni yollarını keşfedebilirsiniz. Ondan kurtulmaya çalışmak yerine, sıkıntınızı estetik bir biçimde tasvir etmekle meşgul olursunuz.

Depresyon ya da endişe dumansa, sanatsal sorgulama size ateş hakkında yeni ve faydalı bilgiler verir. Metaforik katılım, depresyon ya da endişenin çığlığına kulak vermenizi kolaylaştıran estetik bir mesafe ve güvenli bir derinleşme yaratır.

 **Resim Molası…**

- *Resim yapmak için kâğıt ve renkli malzemeye ihtiyacınız olacak.*

- *Şu an duygusal durumunuzu renklerle anlatsanız hangi renkleri seçerdiniz?*

- *Renkleri ayırın.*

- *Şimdi seçtiğiniz renklerle şu anki duygusal durumunuzun bir resmini yapın.*

- *Ondan sonra bu durumun tam aksi ne olurdu, onu çizin. Resminiz tamamen soyut olabilir, renklerle ve şekillerle oynayabilirsiniz.*

- *Çizimleriniz bittikten sonra bakın: Duygusal, bedensel veya zihinsel olarak herhangi bir değişiklik hissediyor musunuz?*

Hayal Gücü

Hayali olmayan insan var mıdır, eğer varsa hayali olmayan mutlu insan var mıdır? Mutluluğun pek çok tanımı yapılabilir, ben mutluluğu kişinin özüyle temas edebildiği aynı zamanda onu besleyen hayaller kurabildiği bir oluş hali olarak tanımlıyorum.

Hayal etmek ve o hayalden beslenmek hem günlük yaşantımızda hem çalışırken hem de bir sanat eseri üretirken pratik aklımızla el ele gidebilen bir süreçtir. Hayal gücünü kullanmak çoğu zaman bir şeyleri gerçekleştirmenin ilk adımıdır.

Notaya dökmeden önce zihnimizde bir melodi duyabiliriz. Tuvale geçirmeden önce belki tabloyu gözümüzde canlandırırız. Ya da yaratım süreci boyunca hayal ederek, bir süre sonra o hayali görünür kılarız. Yaptıkça hayal ederiz, hayal ettikçe yaparız. Önce diyalogları hayal edebilir, sonra bir oyun, roman veya şiir yazmaya başlayabiliriz. Ya da yazmaya başlarız ve o yazma eylemi hayal gücümüzü tetikler.

İsteklerimizi hayal gücümüzle önce zihnimizde gerçekleştiririz. Geleceğe hayal ederek yürürüz. Ayrıca geçmişin izlerini barındıran hafızamız ebeveynlerimizin, arkadaşlarımızın, aile bireylerimizin, eşlerimizin, çocuklarımızın, tanıdığımız insanların onlarla olan ilişkilerimizle şekillenmiş hayali temsillerini saklar.

Zihnimizde yaşayan bu temsiller bize iyi gelebilir ya da bizi rahatsız edebilir. Bu hayali temsillerden bazen o kadar etkileniriz ki farkında olmadan önümüzdeki kişi yerine onun zihnimizdeki simgesiyle ilişki kurarız. Eşler birbirlerini yanlış anladıklarında genellikle hayallerinde şekillenen olumsuz resme bakmayı sürdürürler. Bunu yaptıkça birbirlerini göremez ve yanlış anlaşılmaları devam ettirirler.

Konuştuğumuzda kullandığımız kelimelerin de zihnimizde oluşturduğu resimler vardır. Bu görüntüler olumlu ya da yaralayıcı olabilir. Hayal gücüyle hem yaratır hem yok ederiz. Kendimizi ne hayal ederken bulduğumuz ve aslında neyi hayal etmeyi umduğumuz bize kendimizle ve çevremizle ilgili ipuçları verir.

 **_Hayal Edin..._**

- _Şu an aklınıza gelen ilk hayal nedir?_

- _Birkaç dakika kendinize size olumlu gelen bir şey hayal etmek için izin verin._

- _Kendinize bunu hayal etmek için izin verdiğinizde ne deneyimliyorsunuz?_

Güzelliği Bulmak

Müzik, tiyatro, hareket, resim, şiir veya başka herhangi bir sanat formu aracılığıyla yapılan içsel sorgulamanın amacı, olmakta olanla birlikteliktir. Bu kendine koşulsuz sevgi sunmanın bir şeklidir. Bu sunuşu sanatı kullanarak estetik bir şekilde yapabiliriz. Depresyon veya kaygı ile meşgul olarak onların güzelliğine ulaşabiliriz.

Başlangıçta bu size çok tuhaf gelebilir:

Depresyon ve kaygının güzelliği.

Depresyon veya kaygı nasıl güzel bir şeye dönüşebilir?

Bu güzellik ne olabilir?

Bir müzik, dans, resim, şiir veya tiyatro ürünü aslında sanatsal biçimde ifade edilen insanlığımız ve kırılganlığımızdır. Birkaç saniyeliğine bile olsa kalplerimizin açılmasıdır. Bu sadece bizim kırılganlığımız değil, aslında daha derine baktığımızda tüm insanlığın içindeki kırılganlıkla temasa geçmek demektir. Depresyon ya da kaygının güzelliği sizi kalbinizle buluşturmaları ve bu buluşmadan öğrendiklerinizi paylaşmanızla başkalarına ışık tutabilecek olmanızdır.

Şimdi buraya kadar okuduklarınızın ışığında aşağıdaki birkaç soruya dikkatinizi çekmek istiyorum. Soruların cevaplarının zamanla oluşması ve olgunlaşmasına izin vermenizi öneririm.

Depresyon size ne anlatmaya çalışıyor?

Endişeniz sizi neden ya da kimden korumaya çalışıyor? Depresyonun şarkısı, yoğun endişenin renkleri ne olabilir? Depresyon ve aşırı endişe bir film karakteri olsalar nasıl konuşurlar, nasıl giyinir, hareket ederlerdi? Depresyon ve aşırı kaygı deneyimlediğinizde kendinizle nasıl ilişki kuruyorsunuz?

Bütün bunlar, sanatsal sorgulama ve somutlaştırma ile mümkündür. Sanat, doğrusal olmayan sorgulama için bir çerçeve oluşturur. Yaratıcı bir sorgulama başlatarak, metaforların ve sembollerin sesler, kelimeler ve hareketler aracılığıyla konuşabildiği kendini ifade etme sürecine girilebilir.

Bütün bunlar içsel sürecinizi daha açık bir şekilde ortaya çıkaracak ve içsel bilgiyi üretecektir. Çoğu zaman, bu tür içsel bilme, tam da ihtiyacımız olan devadır. Bu deva psikiyatr tarafından reçete edilen bir ilaçtan farklıdır.

Bu ilaç kişinin kendi şifa girdabından, ruhunun, sanat diliyle yazdığı reçetedir.

Bu bölümde sözü geçen kavramları içeren çalışmalarımın bir örneğini aşağıdaki bağlantıdan dinleyebilir, izleyebilirsiniz.

Bu bağlantıyı yalnızca bir fikir verme amacıyla paylaşıyorum. Ortaya çıkacak malzemeleri prodüksiyona dönüştürüp dönüştürmemenin önemi yoktur.

hazalselcuk.net/tunel

4. BÖLÜM

DİKKAT, NİYET VE MERAK

Dikkatin yönü dışa ya da içe olabilir veya her iki yönü de kapsayabilir. Dikkatimizi neye verirsek o şeyle ilgili algımız değişmeye, derinleşmeye başlar. Ya ona daha fazla odaklanırız ya da dikkatimizi verdiğimiz yönü değiştiririz.

Dikkatini vermek bir şeyle veya biriyle var olmaktır. Diğer uyaranların arka planda kalmasıyla, asıl dikkatimizi verdiğimiz neyse o ön plana çıkar.

Çoğu eylemi nasıl yaptığımızı fark etmeden yaparız. Dişlerimizi fırçalarken dikkatimiz dinlediğimiz müzikte olabilir veya ertesi günü için planladığımız zor bir işi düşünüyor olabiliriz. Akşam yemeğini yerken dikkatimiz bir cihazın ekranında veya günün erken saatlerinde canımızı sıkmış bir konuda olabilir. Yemek yerken, ne yediğimizin farkına bile varmayabiliriz.

Bazı araştırmalar, eylemlerimizin yüzde 98 inin otomatik olduğunu gösteriyor.

Bunun sebebi aynı anda her şeye dikkat etmenin imkânsızlığıdır. Eylemleri düşünmeden yapabilmemiz dikkatimizi yeni olana vermemize, yeniyi daha iyi öğrenmemize olanak tanır. Bir süre sonra bu yeni olan da otomatikleşecektir.

Bununla birlikte, dikkatimizi bilinçli olarak şu ana yönelttiğimizde dolu dolu var oluruz. Bu özellikle düşüncelerimizi incelerken ve duygusal deneyimlerimiz hakkında daha fazla bilgi edinmek istediğimizde son derece yararlıdır. Böylelikle otomatik düşünce ve davranış kalıplarımızın farkına varabilir, istersek değişim yapmak üzere seçim yapabiliriz.

Ayrıca, diğer bölümlerde bahsettiğim, sistemimizde her an var olan şifa girdabıyla bilinçli bağlantı kurabiliriz. Tek değişim olasılığı şu andadır. Bu yüzden içinde olduğumuz an değişim ve dönüşüm için en doğru andır.

Hedef ve Niyet

Öncelikle bu kitapta hedef ve niyet arasında nasıl bir ayırım yaptığımı açıklamak isterim.

Hedef belirli, somut bir sonuca ulaşmakla ilgilidir. Hedef genellikle davranış stratejilerini kapsar. (Sınavı kazanmak istiyorum, çok çalışmalıyım, kursa gitmeliyim...)

Niyet kişinin belirli bir hedefe doğru ilerlerken, kendisiyle ve süreçle nasıl ilişki kurmak istediğiyle ilgilidir.

Diyelim ki hedefim markete gitmek ve bunu yaparken niyetim sakin olmak, acele etmemek. Bu niyet benim deneyimimi etkileyecektir. Daha yavaş yürüyebilir, böylece çevremi daha iyi algılayabilirim. Niyetinizi belirlerken, o andaki deneyiminize farkındalık getirir ve yön verirsiniz.

Niyetin nasıl kullanılacağına dair başka bir örnek vereyim: Amacım yürüyüş yapmak. Niyetim tamamen o andaki isteğime göre yön belirlemek. Bu niyetle ayaklarım o esnada hangi yöne gitmek istiyorsa oraya gitmeye karar verebilirim. Bir keresinde San Francisco'da bu niyetle yürürken, çok güzel duvar resimleri olan ara sokakları keşfettim.

Aynı şekilde İstanbul'da oturduğum yerin civarında ara sokaklarda yürürken, daha önce hiç fark etmemiş olduğum yerler buldum. Yürüyüş yapmaktan başka bir hedefim yoktu. Ama niyetim o an hangi yöne gitmek istiyorsam buna izin vermekti.

Gideceğim yön ben yürürken anbean belirlendi. Hedef nereye gideceğiniz, niyet nasıl gideceğiniz hakkında bilgi verir. Kişi, bir hedefi olmadan sadece niyetle de hareket edebilir, böylelikle kendini deneyimlerken hedefin ortaya çıkmasına izin verebilir. Niyet hedefin kendisi olabilir.

Depresyon ve Kaygıdan Kurtulmak

Çalışmaya başlarken niyetleri sorulduğunda, birçok danışan depresyon veya kaygılarından kurtulmak istediklerini söyler. Anlaşılabilir olsa da kurtulmaya çalışmak aslında bir niyet değildir. Belki kurtulmaya çalışmak yerine, önce depresyon ve anksiyetenin zıttının ne olabileceğini hayal etmek yerinde olur.

Diyelim danışan şöyle bir şey söyledi: "Depresyon ve anksiyetenin tam tersi hayatımı daha dolu dolu yaşadığım, yapmak istediklerimi yaptığım, huzurlu olduğum ve hayata güvendiğim bir oluş hali." Bu genel resmi hayâl ederken, aslında bir bakıma hedefini dile getirmiş oldu. Bu hedefi yüksek sesle söylediği anda danışanın ne hissettiği önemlidir.

Diyelim ki hedefini söylerken büyük bir üzüntü ya da umutsuzluk hissetti. Biraz daha üstünde durunca üzüntüsünün her zaman bir dinginlik hali yaşamak isteğinden ve bunu yaşayamamaktan kaynaklandığını ifade etti. Yaşamla bağlantıda olmak istediğini ve bunu hissedememenin onu üzdüğünü anlattı.

Sıkıntısını dile getirdiği anda biraz rahatladığını söyledi ve sonra farkına vardı: "Kendimi olduğum gibi kabul ettikçe sakinleşmeye başladığımı fark ediyorum." Ve niyetini belirledi: "Kendimi anbean kabul etmek istiyorum."

Bu niyetini belirler belirlemez hedefini hatırladı: "Dolu dolu yaşamak, yeni insanlarla tanışmak istiyorum; yapmak istediklerimi yapabildiğim bir hayatı arzuluyorum. Bu hedefe doğru giderken yol boyunca, her an kendimi kabul etmek istiyorum ya da kendimi kabul etmeme engel olan şeyi anlamak istiyorum."

Bu niyet, danışanın yol boyunca deneyimi ne olursa olsun kendiyle olma isteğini besler. Şimdi dikkati net bir şekilde odaklandı. İdeal olarak, hayatını daha dolu yaşamak istiyor (hedef) ve yol boyunca kendini kabul etmesine (niyet) neyin engel olduğunu merak ediyor. Böylelikle yolda karşılaştığı engellere merakla yaklaştığında keşif yapma alanını hazırladı.

Sadece hayatını dolu dolu yaşamak, harika bir iş sahibi olmak ve heyecan verici yeni insanlarla tanışmak amacı ile kalsaydı bir engebeyle karşılaştığında dikkati otomatik olarak olumsuz bir düşünceye kayabilir ve onun depresif ya da kaygılı halini besleyebilirdi. Kendini umutsuz hissetmeye başladığı anda "yapamam" diyerek yolculuktan vazgeçebilirdi.

Yolculuk boyunca hiçbir niyeti olmasaydı, içinin daha derin katmanlarını merak etme ve kendiyle ilgili bilgileri keşfetme fırsatını kaçırabilirdi. Kişi ancak bununla ilgili bir merak sürecine girme niyeti olduğunda, cesareti kırılsa ya da kendini umutsuz hissetse bile, deneyimini sürdürebilir ve böylece dikkati onu yol boyunca desteklemeye devam eder.

Danışan burada niyet belirleyerek, depresyon ya da kaygıdan kurtulmak yerine, onlarla çalışabileceği içsel ortamı hazırlayıp yolculuğuna farklı bir bakış açısı getirdi.

Merak

Dikkatimizi bilinçli olarak niyete yönlendirdiğimizde, bir merak etme ortamı hazırlamış oluruz. Merak ettiğimizde soru sorma sürecine gireriz.

Soru sorduğumuzda, dikkatimizi verdiğimiz her şeyden- dışımızdan veya içimizden- bilgi alma olasılığını hazırlarız. Ortaya çıkan ne varsa bize hem kendimizle hem yaşamla ilgili bilgi verme potansiyeline sahiptir. Bu mesajları merak etmeye devam etmek sonunda bir değişime yol açacaktır.

Net bir niyet ve merakla soru sormaya devam edersek, kendimizi çok uzak olduğunu düşündüğümüz hedefin tam ortasında bulabiliriz.

Merakla soru sormak düşünce, duygu, beden üçlemesinin birleşimiyle şekillenir ve dinleyebilme kapasitesini geliştirmeyi gerektirir.

Bedenle düşünmek bir duyguyu hissederken aynı zamanda bedenin duyumlarını fark etmek ya da sadece beden duyumlarını izlemekle mümkün olur.

Duyumlar duyguların molekülleridir. Duyumları izlerken tarif edebiliriz: Göğsümde ağırlık, şimdi biraz genişleme, boğazımda sıkışma, omzumda hafifleme gibi.

Bunları hissederken zaman içinde bu duyumların değişimini de deneyimleriz. Bedenin konuşmasını dinledikçe ve bu diyaloğa izin verdikçe duygusal durumumuzda da dönüşüm oluşur. Bu şekilde ne isteyip ne istemediğimizi net ifade edebilir, yönümüzü daha rahat belirleyebiliriz. Bedenle düşünmek güven duygusunu yavaş yavaş içimize sindirmekle derinleşir. Bu yüzden zaman ve emek ister.

 *Evet mi Hayır mı?...*

Şimdi beden duyumlarıyla ilgili basit bir çalışma yapalım. Bu çalışmanın kaydı için lütfen tıklayın. Dinlemek mümkün değilse okuyarak da yapabilirsiniz.

hazalselcuk.net/tunel

◆ *Bir elinizi yumruk yapın ve yumruğunuzu sıkın.*

◆ *Elinizi nasıl hissediyorsunuz?*

◆ *Ağır, hafif, soğuk, sıcak, sert, yumuşak, kasılı ya da gevşek...?*

◆ *Şimdi yumruğunuzu yavaşça açın ve avucu-nuzu bacağınızın veya dizinizin üzerine ya da rahat edeceğiniz başka bir yere koyun.*

◆ *Eliniz burada dinlensin.*

◆ *Şimdi ne deneyimliyorsunuz? Elinizi nasıl hissediyorsunuz?*

◆ *Ağır, hafif, soğuk, sıcak, sert, yumuşak, kasılı ya da gevşek...?*

Şimdi de bedeninizden gelen evet ve hayır sinyallerini araştıralım.

İkinci el bir araba almak istediğinizi hayal edin. Bir ilan görüyorsunuz. Verilen numarayı aradığınızda ilan sahibi satılık arabayı öve öve bitiremiyor:

"Tertemiz, hiç kullanılmamış gibi bir araba bence acele edin, hemen gelip bakın çünkü sizden evvel gelen olursa mutlaka alıp gider, kaçırmaz."

Arabayı görmeye gittiğinizde gözlerinize inanamıyorsunuz. Araba kazadan yeni çıkmış gibi. O kadar çok sorunu var ki... Satıcı bunların bir sorun sayılmayacağına sizi ikna etmek için durmadan konuşuyor.

Siz arabaya daha dikkatli baktıkça ilk görüşte fark etmediğiniz problemleri de bir bir gözüküyor. Arka kapısında göçük, kaportasında yer yer sıyrıklar var, çamurluklar eğrilmiş, frenlerden bile şüpheleniyorsunuz. Ancak satıcı ısrarla bu arabanın çok güvenli olduğunu ve çok iyi bir fırsat yakaladığınızı söylemeye devam ediyor ve sizi aceleyle karar vermeye zorluyor.

"Size özel indirim yapıyorum, bugüne özel, yarına kalırsa bu fiyata alamazsınız.

Ödeme ve evrak işlerini hemen halledelim, derhal alıp gidebilirsiniz, başlayalım mı?"

Susuyor, gözlerini sizden ayırmıyor ve sizden cevap bekliyor...

◆ Durun ve vücudunuzun cevabını fark edin.

◆ Evet mi hayır mı?

◆ Vücudunuzun hangi bölgesinde hissediyorsunuz bunu?

◆ O bölgede ne fark ediyorsunuz?

Şimdi de gözünüzde başka bir durum canlandırın. Yine bir satılık araba ilanı dikkatinizi çekiyor ve arabayı görmeye gidiyorsunuz.

Görür görmez bayılıyorsunuz. Kaportasında tek bir çizik yok, boyası gıcır gıcır, rengi tam hayalinizdeki gibi, arabanın içi dışı tertemiz ve üstelik fiyatı da sizin bütçenize çok uygun. Satıcı sakin bir sesle konuşuyor:

"Her türlü sorunuzu cevaplamaya hazırım, isterseniz bir test sürüşü yapın. İçinize sinerse sonra ödeme ve evrak işlerini hallederiz, arabayı istediğiniz an alabilirsiniz." Size bakıyor ve sizden cevap bekliyor...

◆ *Durun ve vücudunuzun nasıl cevap verdiğini fark edin.*

◆ *Hangi bölgede ne hissediyorsunuz?*

◆ *Evet mi hayır mı?*

◆ *Şimdi bu iki farklı durumda hissettiğiniz bedensel sinyalleri karşılaştırın.*

◆ *Hangi cevabı bedeninizde hafiflik ya da ağırlık olarak deneyimlediniz?*

◆ *Hangi cevap sıcak, hangisi soğuk, sükûnet ya da artan enerji olarak sinyalini verdi?*

◆ *Bedeniniz hangi yöne hareket etmek istedi? Arabaya doğru yürümek arabadan uzaklaşmak ya da başka bir şey?*

◆ *Bedeninizde hissettiğiniz başka duyumlar oldu mu?*

◆ *Bedeninizin gündelik yaşamınızda evet ya da hayır sinyallerini nasıl verdiğini biliyor musunuz?*

Sadece Düşünüyor Olmanız Düşüncenizi Doğru Yapmaz

Başlangıçta kurtulmak istediğimiz içsel durumlarımızı kucaklayabildiğimizde ve o içsel hallerimizle gerçekten merak ederek ilgilendiğimizde güven, uyum ya da huzur kapılarını açabilecek olmamız belki size bir çelişki gibi gelebilir.

Çoğumuz düşüncelerimizi, yargılarımızı ve duygularımızı fazla araştırmadan tek doğru olarak kabul ederiz. Düşündüklerimizin, hissettiklerimizin büyük bölümü ile dikkatimizi verdiğimiz şeyler, içimizdeki bilinçsiz süreçler tarafından kendiliğinden üretilir.

Bunlar genellikle önyargılıdır. Kendimizle ve yaşamla ilgili geliştirdiğimiz düşünceleri tek doğru olarak kabul etmeye meyilli olmamız, farkında olmadan daha kaygılı ve depresif hissetmemize neden olur; kendimizi korkutur ve kısıtlarız.

Ancak bilinçli bir niyetle hareket edersek dikkatimizi yönlendirmede aktif rol alabiliriz. Kendimizi korkutmak ya da kısıtlamak yerine duygu ve düşüncelerimizi merakla sorgulayabilir, cevapları duymak için bekleyip, kendimizle olmaya devam edebiliriz.

Cevaplar hiç ummadığınız yerlerden gelebilir. Okuduğunuz bir hikâye, şiir ya da haberden, birinin bir sözünden, bir resim, fotoğraf ya da bir olaydan… Bu şekilde çok yönlü bir sorma ve dinleme süreci başta çetrefilli gelebilir ancak zamanla bu yöntemin aslında sizi rahatlattığını deneyimlersiniz.

Örnek olarak diyelim ki zihnim "Ben kötü bir insanım" düşüncesine saplandı. Sırf böyle düşündüğüm için gerçekten kötü bir insan olduğuma kanaat getirebilirim. Bu olumsuz düşünce sorgulanmadan bırakıldığında bende bana rahatsızlık veren belki çok üzüleceğim hatta utanacağım olumsuz bir duygu uyandırabilir.

Şimdi, kötü bir insan olduğuma inanıyorum, üzgünüm ve utanıyorum. Bu beni olumsuz bir eyleme yönlendirecek. Belki aşırı içki içeceğim, insanlardan kaçmak isteyeceğim ya da karşıma çıkan herkese bağıracağım.

Bu eylemler kendi hakkımdaki "Ben kötü bir insanım" yargımı ve utancımı daha da pekiştirecek. Belki bu yüzden kendimi daha da fazla gizlemek zorunda hissedeceğim veya öfkem artacak. İstem dışı bir kısır döngüye gireceğim. Her şey dikkatimin bir düşünceye çekilmesiyle başladı.

Ya da olumsuz bir duygu hissettim ve hisseder hissetmez kendimi yargılamaya başladım. Bu yargıya inandıkça kendi kendimi korkutmaya da devam ettim.

Ama şimdi diyelim ki, "Ben kötü bir insanım" düşüncesini neyin harekete geçirdiğini sorgulamak ve anlamak için kesin bir niyetim var. Neden kötü bir insan olduğuma inandığımı merak ediyorum. Anbean kendimle olma niyetim dikkatimi üretkenliği sağlayan merak sürecine yönlendirecek.

Merak süreci şöyle işleyebilir: "Kötü bir insan olduğumu düşündüğümü fark ettim. Bu düşünce aklıma gelince çok üzülüyorum hatta sinirleniyorum. Neden böyle düşündüğümü merak ediyorum."

Bu sorgulama farklı bir eylem yolu başlatacaktır. Belki araştırma yapıp düşünme kalıpları veya gelişim travması hakkında bir kitap bulmama yol açacak, belki de bir arkadaşımla veya bir terapistle konuşmaya karar vereceğim.

"Ben kötü bir insanım" fikrine o fikri sorgulamadan inanmak yerine artık dikkatimi soru sorma sürecine yönlendireceğim. Bunu yapma niyetim, olumsuz bir düşünceyi doğru olarak kabul etmekten vazgeçmekle kalmayıp, daha fazla farkındalık kazanmama ve düşünceyi oluşturan daha derin yapıya temas etmeme yardımcı olacak.

Merak etme süreci müzikle, çizerek, yazarak, oyunla, karakterler üreterek, hareketle beslenen yaratıcı bir yolda da ilerleyebilir. Metaforlar ve semboller içerebilir.

İçgörüm netleştikçe ve merak etmeyi sürdürdükçe araştırmamda daha derinlere inmeyi seçebilirim. Niyet ve merak, deneyimlerimi sorgulamak üzere kendi ruhumun derinliklerine dalarken ve sonra tekrar yukarı tırmanırken tutunabileceğim bir ip gibidir.

Bu niyet ve merak ipine tutunarak bir düşüncede ya da yoğun bir duygunun içinde kaybolmayacağımı, boğulmayacağımı görürüm. Niyetim gerçeğime dair daha fazla netlik kazanabilmem için deneyimimi düzenlememe ve sindirmeme yardımcı olur.

Dikkati Yönlendirmek

Herhangi bir zamanda, dikkatimizin neye ve nereye odaklandığının farkına varabiliriz. Örneğin şu an ben dikkatimin yazdığım kelimede olduğunun farkındayım. Şimdi de dikkatim bir köpek havlamasında… Dikkatimiz gördüğümüz bir şey üzerinde de olabilir: Bilgisayar ekranı, parmaklarım… Ya da bir düşünce, bir duygu veya bedensel bir his: Yaşasın, bu bölümü bitirdiğimde kitap editörüme gitmeye hazır olacak; sevinç… belimde ağrı…

Bu tür dikkat öğeleri farkındalığımızın içeriğini oluşturur. Dikkatimizin belirli bir içeriğe sabitlendiğini fark ettiğimizde, dikkatimizi başka bir şeye yönlendirme gücümüzü harekete geçirebiliriz. Yani, odağımızı nereye yerleştireceğimizi aktif olarak seçebiliriz.

Böylelikle üzerimizde olumsuz etki yapan içeriğin içinde kaybolmaktan kurtuluruz; dikkatimizin yönünün farkına varma yeteneğimizi güçlendirerek dikkat değiştirme becerimizi artırabiliriz.

Sık aralıklarla endişe halleri yaşamak veya çökkünlük deneyimlemek, olumsuz hava koşullarında yolunu kaybetmeye benzer. Mecazi anlamda şimşekli kaygı fırtınaları veya koyu depresyon bulutları bizi tamamen ele geçirebilir. Ancak dikkatimizi bilinçli olarak yönlendirirsek bakış açımız genişler ve içsel duygu durumumuz değişmeye başlar.

Bulutlar arasında kaybolmak yerine, bulutların üzerinde süzüldüğü gökyüzünü hissedebiliriz. Bu algımızı daha çok gökyüzünün kendisi gibi olacak şekilde genişletmemizi mümkün kılar. İçimizden geçen herhangi bir buluttan daha büyük ve geniş bir farkındalığa sahip oluruz.

Ufukta beliren herhangi bir bulut hakkında daha derinlemesine araştırma yapmayı seçebiliriz ya da bulutu görür ama dikkatimizi başka bir şeye verebiliriz, örneğin bir kuşa…

Sonra belki yine bulutun duygusunu hisseder, onun hakkında yazabilir, onu seslendirebilir, onun hakkında konuşabilir veya onu hareket ettirebiliriz. Ama artık bunu, bulutu tutan gökyüzü olmaktan doğan geniş algıyla yapabiliriz. Bu bizim gelip geçen bulutlar arasında kaybolmamızı önler. Bu yöntem bize, bulutun hareketini kolaylaştırma şansı verir ve hatta bu süreçte yeniden güneş ışınlarının parıldadığına dahi tanık olabiliriz.

Dikkatimizi yönlendirme kapasitemizi geliştirdiğimizde, seçim olasılıklarımız artar. O zaman düşüncelerimize, duygularımıza, nesnelere veya dikkatin takılı kaldığı diğer içeriklere kapılmayız. Düşüncelerimizi gözlemlemek, duygularımızı, onların içinde kaybolmadan hissetmek bize irademizle yeniden bağlantı kurma imkânı sağlar.

Dikkat Sarkacı

Gözünüzde bir çocuğun salıncakta ileri geri sallanmasını canlandırın. Salıncak misali gece gündüze dönüşür, gündüz geceye; çalışırız, dinleniriz, sonra tekrar aktif oluruz, peşinden yorulur uyuruz.

Sinir sistemimiz de bu şekilde bir salıncak ya da sarkaç gibi sallanır. Doğal ihtiyacımız bir heyecan ve yüksek enerji durumuna girebilmek ve ardından bir dinlenme ve rahatlama haline geri dönebilmektir. Gece ve gündüz gibi. Eyleme ve devamında dinlenmeye ihtiyacımız vardır.

İçinde yaşadığımız aile, geniş çevre ve toplumda dinlenmek çeşitli nedenlerle mümkün olamıyorsa, sinir sistemimiz sürekli olarak aşırı uyarılma ve heyecanlı kalma eğilimindedir. Dinlenmeyi içeren doğal bir denge oluşmuyorsa, bu, nihayetinde sistemimizi artan kaygıyla sıkıştıran bir döngüye sokacaktır.

Alternatif olarak, eğer çökkün bir içsel hal deneyimliyorsak, sinir sistemimiz düşük enerji durumunda sıkışmıştır. Aktivasyona geçememektedir.

Dikkatimizi bir şeyden diğerine yönlendirmeyi öğrendiğimizde, içsel hallerimiz üzerindeki etkimizi artırabilir ve dengeyi yeniden kurmaya doğru bilinçli olarak ilerleyebiliriz. Dikkatimizi yönlendirerek yoğun içerikten daha sakin içeriğe, çökmüş halden daha enerjik bir duruma geçmeyi öğrenebiliriz.

Örneğin, dikkatimizi zihnimizde var olan depresif bir düşünceden uzaklaştırabilir ve bir dakikalığına bir çiçeğe, bir şarkıya, bir hayvana, bir şiire verebiliriz. Yine dikkatimizi, aklımızdan geçen endişeli düşüncelerden sıyırıp, ayaklarımızın altındaki toprağı veya güneşin sıcaklığını tenimizde hissetmeye verebiliriz.

Duyguların dikkatimizi kontrol etmesi gerekmez. Dikkatimizi nereye yönlendireceğimize kendimiz karar verebiliriz. Aktif dikkat değişimi sürecine girmek, içsel durumumuzu da değiştirebilir.

 ### Dikkatinizi Yönlendirin...

Bu çalışmayı gözünüz kapalı olarak yapmanızı öneririm. Çalışmanın kaydına buradan ulaşabilirsiniz:

hazalselcuk.net/tunel

Eğer gözünüzü kapatmak istemiyorsanız ya da şu an kaydı dinleyebilecek durumda değilseniz çalışmayı okuyarak da yapabilirsiniz.

◆ *Şimdi lütfen oturun veya uzanın. Rahat ederseniz yere uzanabilirsiniz, hatta ayak tabanlarınız bir duvara değerse daha iyi olur. Eğer bu mümkün değilse sorun değil.*

- *Şimdi sizi rahatsız eden bir düşünceyi aklınıza getirin. Bu kendinizle, bir olayla ya da bir başkasıyla ilgili bir düşünce olabilir.*

- *Bu düşünceye odaklandığınızda vücudunuzda ne fark ediyorsunuz? Tarif etmeyi deneyin. (Gerginlik, kasılma, ağırlık, karıncalanma gibi)*

- *Bu duyumları bedeninizde hangi bölge ya da bölgelerde hissediyorsunuz?*

- *Bir duygu hissediyor musunuz?*

- *Şimdi eğer mümkünse gözlerinizi kapatın.*

- *Kalçanızın oturduğunuz ya da uzandığınız yerle yaptığı teması fark edin. Kalça bölgenizi nasıl algılıyorsunuz? Ağır mı, hafif mi, sağlam mı?*

- *Şimdi dikkatiniz ayaklarınıza yönlensin. Ayaklarınız bir zeminle bağlantıdaysa fark edin. Değilse neyle bağlantı kuruyorlarsa onu fark edin, hava, çorap, pabuç vs...*

- *Şimdi ayaklarınızla yeri ya da üzerinde uzandığınız zemini itin. Eğer uzanıyorsanız dizlerinizi biraz kırmanız ve tabanlarınızla zemini hissetmeniz gerekecek. Daha da iyisi, yere yatıp bir duvarı itebilirsiniz ayaklarınızla.*

◆ *Birkaç defa zemini ya da duvarı itip bırakın.*

◆ *Şimdi yattığınız yerde, oturarak ya da ayakta bedeninizin yapmak istediği bir hareket var mı, bakın. Bunun için kendinize bir dakika izin verin.*

Esneyebilirsiniz, gerinebilirsiniz.

◆ *Şimdi bir elinizi göğsünüze bir elinizi karnınıza koyun. Nefesinizin giriş çıkışını fark edin. Nefes alıp verirken göğüs ve karın bölgenizde hareket var mı?*

◆ *Bir süre nefesinizin girip çıkmasıyla gövdenizde oluşabilecek hareketleri izleyin.*

◆ *Bedeninizi nasıl hissediyorsunuz? Yumuşak, katı? Sıcak, soğuk, canlı, rahat, kasılı?*

◆ *Bedeninizde iyi hissettiğiniz bir bölge bulun ve dikkatinizi o hisse verin. O iyi hisle kaldıkça o iyi his güçleniyor mu, azalıyor mu? Eğer güçleniyorsa, bunu fark edin. Azalıyorsa neye evriliyor onun farkına varın.*

◆ *Ve iyi olan duyguda kalın. Bu his yeterince güçlüyse şimdi aklınıza çalışmanın başında düşündüğünüz olumsuz düşünceyi getirin.*

◆ *Bu düşünceyle şimdi nasıl ilişki kuruyorsunuz?*

◆ *Herhangi bir değişiklik var mı?*

Düşünce, Duygu ve Eylem Döngüsü

Bu noktada düşünceler, duygular ve eylemler arasındaki ilişkiyi tekrarlayalım. Duygusal bir durum, o durumun uyandırdığı düşünceleri besler. Düşünceler de duyguları besler. Bu etkileşim fiziksel bir eylem doğurur.

Duygu ve düşüncelerin beslediği eylemler anıları, zihin de geçmişten beslenerek gelecekle ilgili beklentileri yaratır.

Değişime yer açmak için zihinsel, duygusal, davranışsal ve hatta bedensel düzeyde neler olup bittiğini merak etmek, farkındalığı davet eder. Farkındalık herhangi bir duyguyu, düşünceyi veya fiziksel eylemi neyin ürettiğini anlamamızı sağlayacaktır.

Şimdi zihinsel, duygusal ve fiziksel düzeylerde depresif bir döngüyü neyin devam ettireceğini araştıralım.

Kambur durduğumu, devamlı aşağı baktığımı, yavaş hareket ettiğimi veya hiç hareket etmediğimi düşünün. Bir süre sonra, kendimi içinde bulunduğum fiziksel duruş ve tempoya karşılık gelen bir duygusal durumda bulurum.

Biraz önce tarif ettiğim fiziksel duruş ve tempoda neşeyi hissetmek zordur. Bir deneyin, kambur durun, devamlı aşağı bakın ve yavaş hareket edin.

Bu duruş belli bir duyguyu çağırır, duygusal bir hal de yine o durumu güçlendiren belirli kas ve düşünce kalıpları üretecektir. Bu üç olgu birbirini besler. Devamlı kambur duruyorsam, başımı kaldırıp çevreyi algılamıyorsam, zihnimde hep şikâyet etme üzerine odaklı bir düşünme mekanizması işletiyorsam, kendimi iyi hissetmem de çok zor olacaktır.

Bu kambur durmak ya da şikâyet etmek üzerine bir yargı değil, sadece bir tespit. Kambur durmak ve şikâyet etmek için çok geçerli nedenlerim olabilir. Ama bilmeliyim ki sürekli bu bedensel ve zihinsel durumda olursam kendimi duygusal olarak daha huzurlu hissetmem zorlaşacak.

İşte bu noktada ağır duygu döngüsünden çıkmak için dikkatimizi düşüncelerimize veya bedenimize verebiliriz. Yani, olumsuz bir durumun altında yatan olumsuz düşünceleri sorgulayarak düşünme kalıplarımızı inceleyebiliriz. Ya da vücudumuzla temasa geçerek, vücudu dinleyerek, fiziksel olarak küçük değişiklikler yapabiliriz. Biz ikincisine somatik dinleme ya da somatik çalışma diyoruz.

"Soma" kelimesi beden anlamına gelir.

Somatik bir yaklaşım, depresyonla çalışırken değişim yolunda geniş olanaklar sunar. Beden farkındalığını geliştirerek, çok ağır hareketler yapmadan, enerjinin bedenimizde akması için alan açarız. Bu, düşüncelerimizi olduğu kadar içsel durumumuzu da etkileyecektir.

Somatik dinleme bedensel ifademizin hareketle rahatlamasını, dengelenmesini sağlar.

Hareket duygusal durumumuzu, düşünce kalıplarımızı ve eylemlerimizi değiştirebilir. Bu şekilde, içinde sıkıştığımızı hissettiğimiz durumu değiştirebilecek, yukarı doğru çıkan bir sarmal başlatırız.

Örneğe devam edelim: Uyandığınızda kendinizi diyelim ki sıkkın, isteksiz hissettiniz (duygu). Kendi kendinize yataktan kalkmak istemediğinizi, yatakta kalmak istediğinizi söylüyorsunuz (düşünce). Diyelim ki yatakta kalmaya karar veriyorsunuz (eylem). Böylece, muhtemelen sıkkın hissetmeye devam edeceksiniz.

Devam eden süreç içinde kendinize "O kadar kötü ve tembel bir insanım ki hiçbir şeye layık değilim" derseniz, o zaman düşünceleriniz sıkkın hali daha da derinlere taşıyacaktır. Düşünceleriniz duygusal durumunuzu yoğunlaştıracak ve fiziksel bedeniniz içinde bulunduğunuz durumu daha fazla yansıtacaktır. Bu durumla ilgili sisteminiz nasıl bir eyleme geçeceğini otomatik olarak belirleyecektir.

Şimdi sıkkın halle biraz farklı bir ilişki kurduğunuzu hayal edin; bedeninizden derhal değişik bir fiziksel tepki alabilirsiniz. Kendinize, "Buna bir tür grip gibi davranacağım ve yatakta kalıp kendime bakacağım" dediğinizi hayal edin. Sonra başınızı kaldırdınız ve bir ağaca baktınız. Kendinize o ağacı gerçekten görmeye izin verdiniz.

Hâlâ yatakta kalabilirsiniz belki ama gözleriniz çevreyi algılıyor, bir yanınız kendinize bakmak istiyor. Belki elinizi kalbinize koyarsınız, belki biraz ağlarsınız ya da özen ve şefkati iletecek şekilde üzerinizi örtersiniz. Ve bir süre sonra, bir şeylerin değiştiğini deneyimleyebilirsiniz.

Belki bir arkadaşınızı aramayı, duş almayı ya da müzik dinlemeyi isteyeceksiniz. Kendinizi hâlâ üzgün, isteksiz, sıkkın hissedebilirsiniz ancak artık kendinizle farklı bir ilişki geliştirecek çizgiye yaklaşıyorsunuz.

Ya da "Yatakta kalmak istiyorum" düşünceleriyle isteksiz uyanabilir ama buna rağmen yine de kalkmayı, duş almayı ve bir aktiviteye katılmayı seçebilirsiniz. İstemeseniz bile dışarı çıkmaya karar verebilirsiniz. Belki yürüyüşe gidebilir ve yol boyunca dikkatinizi insanları gözlemlemeye yöneltebilirsiniz. Yolunuzun üstünde bir yerde mola verip bir fincan kahve veya çay içebilirsiniz.

Çalışıyorsanız ya da okuyorsanız işinizle uğraşırken, hareket ederken, içsel durumunuzun nasıl değiştiğini takip etmek üzere bir niyet belirleyebilirsiniz. Günün bir noktasında, kendinizle size iyi gelecek şekilde zaman geçirmeye karar verebilirsiniz, "Depresyonu ne tetikliyor?" sorusunun cevabını henüz bilmeseniz bile merak edebilirsiniz.

Depresyonla ilişkinizi değiştirdikçe duruşunuz, ritminiz ve bakış açınız da değişecek, böylelikle yoğun içsel hallerle başa çıkma beceriniz artmaya devam edecektir.

O zaman depresyondan kurtulma değil, bu durumu anlamanıza ve yönetmenize yardımcı olma, böylece eyleme geçme, seçim yapma ve hayatınıza sahip çıkma duygusunu deneyimleyebilme şansı doğar. Daha sonra yavaş yavaş depresyonu neyin tetiklediğini ve onunla nasıl ilişki kurmaya devam edeceğinizi keşfetmeyi sürdürebilirsiniz.

Hangi Duyguyu Hissetmek Güvenli Değil?

Duygular, hayatın deneyimlerine verdiğimiz öznel tepkilerden ortaya çıkan "hareket halindeki enerjidir". Tuttuğumuz takım maçı kazandığında mutlu oluruz. Anahtarlarımızı bulamayınca endişelenir, bir haksızlığa uğrarsak sinirleniriz. Sevdiğimiz birini kaybettiğimizde üzülürüz. Bir bebek doğduğunda sevinç duyarız.

Duygular mesajlar taşırlar. Ayrıca içinde bulunduğumuz ortamın üzerimizdeki etkisi hakkında bize bilgi verebilirler. İşte çeşitli duyguların nelere işaret edebileceğine dair bazı örnekler:

Sevinç = Önemli bir ihtiyaç karşılandı.
Hüzün = Değerli olan bir şey, bir kişi kaybedildi.
Korku = Bir tehlike var.
Öfke = Bir sınır aşıldı, burada bir haksızlık var.
        Önemli bir ihtiyaç karşılanmadı.
Şefkat = Merhamet ve yardım etme isteği.

Kendinize yukarıdaki duygulardan hangisini hissetmenin sizin için güvenli olduğunu ve hangisinin emniyetli olmadığını sorun?

Kişi duygusal durumlarının mesajlarını hissedebildiği ve alabildiği zaman, kendisiyle temas kurar ve ancak kendisiyle sağlıklı bağlantı kurabildiği ölçüde başkalarıyla da sağlıklı empati kurabilir.

Genellikle gönüllü olarak duygusal acı hissetmek istemeyiz. Bu nedenle, acıdan kaçmak veya acıyı maskelemek için bilinçsiz stratejiler devreye girer. Alıştığımız taktikler yalnızca kendimizle veya karşımızdakiyle ilişki kurma kapasitemizi kısıtlamakla kalmaz aynı zamanda gerçek neşeyi hissetmemizi de engelleyebilir. Acımızı hissedebildiğimiz ölçüde sevinci gerçek anlamda hissetme ve ifade etme kapasitemiz de artacaktır.

Çoğu zaman, büyüdüğümüz ortamdan yaptığımız çıkarımlarla, duyguların ya da özellikle bazılarının güvenli olmadığı inancını geliştiririz. Duyguları hissedersek her şeyin daha da kötüleşmesine yol açarız kanısına varabiliriz.

Bu duyguların en belli başlısı öfkedir. Çoğu insan öfkenin saldırganlıkla birleşeceğini düşünür. Böyle inanır çünkü muhtemelen böyle görmüş ve deneyimlemiştir. Öfkenin saldırganlığa dönüşmeden mesajının alınabildiği ve yapıcı eyleme dönüşebildiği sağlıklı örnekler ne yazık ki çok az sayıda ortamda deneyimlenmektedir.

Aynı şekilde gerçek kırılganlığı yansıtan gözyaşı bazı çevrelerde kişinin sert eleştiriler almasına hatta utandırılmasına yol açmış olabilir. Kendi kırılganlıklarıyla nasıl baş edeceğini bilemeyen kişiler, gözyaşlarına tahammül etmekte zorlanabilirler. Ancak gerçek şudur ki, duyguları hissetme veya ihtiyaçları dile getirme kapasitesi engellendiğinde depresyon ve anksiyete belirtileri gelişir.

Sistemi yeniden açmanın yolu, bedeninizin hareketinden duygularınızın akışını sağlamaya ve dikkatinizi yönlendirmeye kadar birçok biçimde hareket becerisi geliştirmeyi içerir.

Depresyon veya kaygının sesini duymayı öğrenmek, sizi daha derin bir bilinç düzeyine taşır. Bu da duygusal durumlarınızın gerçek mesajlarını deneyimleme ve anlama yeteneğinizi geliştirmenize yardımcı olur.

Duygunun hareket halindeki enerji olduğunu unutmayın. Dikkatinizin hareketi ve duygularınızın anlamını keşfederek, yaşam enerjisinin akışına engel olan durumlarla çalışabilirsiniz. Sisteminiz doğal olarak enerjiyi yeniden hareket ettirmeye başladığında yavaş yavaş kendi derinliklerinizi daha güvenle deneyimleyeceksiniz.

Neden Sadece Bir Hap Almıyoruz?

Depresyon veya aşırı endişe semptomları, yakın zamanda yaşanan yoğun bir olay ya da olaylar zinciri tarafından tetiklenmiş olabilir. Bu olay ya da olaylar zinciri geçmişte yaşanmış olumsuz deneyimlerin bıraktığı izleri de açığa çıkarmış olabilir.

Ağır depresyon veya anksiyete durumlarında, ilaç tedavisi kişiyi kimyasal olarak daha dengeli bir duruma getirmeye yardımcı olur. İlaç iç sesinizi sorgulamaya ve duymaya başlayabileceğiniz bir içsel dengeye geri dönmenizi kolaylaştırabilir.

Araştırmalar ilaçların terapi ile birleştiğinde faydasının arttığını göstermektedir.

Terapi bu güçlü durumların söyleyeceklerini duyma yeteneğinizi geliştirmeniz için size güvenli bir alan sağlar. Depresyon ve yoğun endişe durumlarının altında yatan "ruhun çığlığına" kulak verebilmenize ve onu anlamlandırmanıza yardımcı olur. Bu şekilde depresyon ya da anksiyetinin diğer tarafına doğru hareket edebilme imkânı başlar.

SON YANSIMALAR

"Biliyor musun ki değişim olasılığı her an mevcut."
— ANONİM

Bu kitapta depresyon ve anksiyeteyi inceledik. Sohbetimizi kısaca gözden geçirirsek:

◆ Öncelikle ağır olayların sinir sistemi üzerindeki etkisi sonucunda yaşam enerjisinin yönünü kaybetmesini inceledik. Yüksek ve düşük aktivasyon kavramlarını ele aldık.

◆ Tehlike anında kendiliğinden devreye giren hayatta kalma dürtülerini ve bunların depresyon ve anksiyeteyle ilişkisini irdeledik. Anksiyeteyi yönünü bulamayan yüksek enerji, bir aktif kilitlenme hali; depresyonu çökme, şalter kapatma modu olarak tarif ettik.

◆ İnsan zihninin çocukluktan itibaren basit hikâyeler üreterek ağır içsel durumları anlamlandırmaya çalıştığını, bu anlam yaratma çabasının depresyon ve endişeyi nasıl besleyebileceğini ve semptomların altında çok yönlü duygusal katmanların olabileceğini tartıştık.

◆ Sanatsal bir bakış açısıyla depresyon ve devam eden aşırı kaygıyı ruhun çığlığı olarak tanımladım ve bu çığlığın bir yardım çığlığı olduğunu, duyulmaya ihtiyaç hissettiğini öne sürdüm.

◆ Çeşitli sanat formlarını ele alarak- müzik, tiyatro, hareket ve resim- sanatın şifayla bağlantısını araştırdık. Kendimizle nasıl kalabileceğimizi, bu içsel yardım çağrısına güvenli bir şekilde nasıl kulak verebileceğimize baktık.

◆ Depresyona ve sürekli kaygıya duygusal, zihinsel ve ruhsal gelişim için önemli kişisel malzemeler sunabilecek kaynaklar olarak yaklaştık.

◆ İçsel deneyimlerimize dikkat, farkındalık, niyet ve merakla yaklaşmanın açabileceği yeni kapıları değerlendirdik. Özellikle merakla soru sormanın ve dinlemenin içsel anlatılarımızın, bedensel deneyimlemelerimizin değişimindeki etkisi üstünde durduk.

◆ Düşünce, duygu ve eylem üçgenini irdeledik. Dikkati yönlendirmenin kendimize duygusal, zihinsel ve fiziksel boyutta merakla yaklaşabilmede ne kadar etkili bir araç olabileceğini gördük.

◆ Kendinizle yaratıcı sohbet etmenin tadına bakmanız, bu kavramları kendi gerçeğinizden deneyimlemeye başlamanız için sizi kısa egzersizler yapmaya davet ettim.

Tüneldeki Işık insan olmanın içimizdeki yansımalarıyla baş başa kalabilmekle, sadece düşünceleri değil, kalbin ve bedenin sesini duyarak açılabilecek yeni kapıları merak etmekle ve bu kapılara doğru birkaç adım atabilmekle ilgilidir. Bu yönde gitmek isterseniz, yola çıkarken ya da yolda yürürken kendinize sorabileceğiniz bazı soruları aşağıya ekliyorum.

◆ Şu an bana gerçekçi gelmese bile kendim için ne istiyorum?

◆ Depresyondayken bana halen emniyetli gelen bir şey var mı?

◆ Endişe beni hangi tehlikeden korumaya çalışıyor?

◆ Şu anda depresyon ve anksiyeteyle farklı bir ilişki kurmayı hayal edebilir miyim?

◆ Bunu hayal etmeye izin verdiğimde ne hissediyorum?

◆ Destek isteme konusunda ne kadar rahatım?

◆ Depresyonun zıttı nedir?

◆ Yoğun endişenin zıttı nedir?

◆ Zihnimin olumsuz hikâyeler ürettiğini hatırlamak benim için faydalı olur mu? (Eğer faydalı olduğunu düşünüyorsanız aklınızdan bir olay geçirin. Ve o olay sırasında bu bilgiyi hatırladığınızı düşünün. Ne deneyimliyorsunuz?)

◆ Zihnimin benimle ilgili ürettiği hikâyelerle nasıl ilişki kurmak istiyorum?

◆ Hareket etmek istemesem bile kendimi hareket etmeye teşvik etmek konusunda ne düşünüyorum/hissediyorum?

◆ Hareketin beynin kimyasına olumlu etki yaptığını hatırlamak benim için faydalı mı?

◆ Çok bunaldığımda zihnimi başka bir şeye yönlendirme seçeneği hakkında ne düşünüyorum/hissediyorum?

◆ Çocuk gibi, zevkle, keyifle, sonunda ne olacağına dair endişe duymadan oyun oynamayı hayal ettiğimde ne hissediyorum?

Tüneldeki Işık kendimize dair tüm yönleri merak etmekle ilgilidir. Sağlıklı merak farkındalık ışığını davet eder. İçsel deneyimlerinizi değiştirebilecek ve dönüştürebilecek şekilde kendinizle birlikte olmak istiyorsanız, bunun olabileceği birçok fırsatı ve biçimi siz zaten keşfedeceksiniz.

Şunu hatırlamakta yarar olabilir:

Eğer çocukluğu atlattıysak ve yetişkin olduysak çevreden ve olaylardan bağımsız olarak değişmemiz daima mümkündür. Değişime kendimizle kurduğumuz ilişkiyle başlayabiliriz.

Yaşam enerjisi, yaşadığımız sürece, hangi şartlarda olursak olalım biz öyle hissetmesek de hep içimizde. Güneş ışığı bulutlar onu kapatsa da gece de olsa, aslında hep orada...

21 GÜNLÜK ÇALIŞMA

DEPRESYON VE ANKSİYETE İÇİN EGZERSİZLER

Size bu kitapta benim tünelimi aydınlatan ışıktan bahsettim, ayrıca bu ışığın aydınlattığı başka tünellere de tanık oldum. Psikiyatri hastanesinde staj yaptığım dönemde hastalarla çalışırken onların hayat hikâyelerini okuduğumuzda bazen gözyaşlarımızı tutamıyorduk.

Bunlar acımadan kaynaklanan gözyaşları değildi. Arka arkaya çok ağır deneyimler geçirmiş insanların dirayetine hayran kalıyorduk. Orada, pek çok ağır vakayla beraber tüm sıkıntılarına rağmen çıkış yolu aramaya devam eden insanlar vardı.

Ve elbette tüm bu sürece tanıklık eden hemşireler, doktorlar, terapistler. Ben oradaki herkesin gerçek yıldızlar, gerçek kahramanlar olduğunu düşündüm.

Çalışmaların o koyu, karanlık tünelde nasıl bir ışık olabileceğini orada daha net gördüm. Müzik, hareket, dans, tiyatro ve farkındalık çalışmalarının zihni, bedeni ve kalbi organize etme gücüne tanık oldum.

Daha sonra, özellikle pandemiyle birlikte artan yoğun endişe ve depresyon dolayısıyla danışanlarım benden beraber yaptığımız dikkat yönlendirme ve farkındalık egzersizlerini kaydetmemi ve onlarla paylaşmamı istediler. Egzersiz kaydetme fikri böyle doğdu. Çeşitli egzersizleri bu kitaba da dahil ettim.

Ayrıca bu şekilde çalışmayı sevenler ve devam etmek isteyenler için "21 Günlük Depresyon ve Anksiyeteyle Çalışma Programı" hazırlamaya karar verdim. Programı dinleyerek yapabilmeniz ve daha rahat konsantre olabilmeniz amacıyla bütün çalışmaları kaydettim. Bu yolla dikkatinizi daha kolay yönlendirebilir, anlatılanları kendi bedeninizde, zihninizde daha derin deneyimleme imkânı bulabilirsiniz.

Önerdiğim 21 günlük program tamamen deneyimlemeye dayalı. Eğer çok koşuşturmalı ve durmaya vakit bırakmayan bir yaşam şekliniz varsa, ilk başta sesimden ve egzersizlerin yavaşlığından rahatsız olabilirsiniz. Ancak şunu bilmelisiniz ki zihnimiz çok hızlı hareket ederken kendimizi daha derin deneyimleme fırsatlarını kullanamayız. Beden duyumlarını ve duygularımızı fark edebilmek için yavaşlamak gerekir.

Bu programdaki alıştırmalar içinizdeki güven duygusuyla bağlantı kurmanıza yardımcı olmak üzere tasarlandı. Kendinizi güvende hissettiğinizde içsel durumunuza daha kolay tanıklık edebilirsiniz. Kendinizle daha bilinçli ilişki kurdukça, içsel manzaranızda da değişim başlayacaktır.

Çalışma kendiliğindenliği, yaratıcılığı ve somatik dinlemeyi harekete geçirmeyi hedeflediği için sizi gereğinden çok düşünmeye sevk etmesini önlemek amacıyla teorik bilgi içermiyor. *Tüneldeki Işık* size bu program için gereken teorik arka plan bilgisini sağlayacaktır. 21 Günlük Depresyon ve Anksiyeteyle Çalışma Programı teorileri veya fikirleri tartışmak yerine, size içsel dinleme becerilerinizi ve içsel güvenlik duygunuzu artıracak yeni deneyimler kazandırmak üzere geliştirildi.

Duygularınızı yaratıcılığınızı kullanarak fark etmenin, yine yaratıcı bir şekilde kendinizle var olmanın yollarını gösteren bu çalışma entelektüel kapasitenizin yanı sıra beden farkındalığınızla ve kalbinizle düşünmenize destek olacaktır. Çalışmalarda depresyonu ve kaygıyı yaratıcı bir şekilde dile getirmenin yollarını müzik, hareket, resim ve şiirle deneyimleyebilirsiniz.

Daha fazla bilgi için:

hazalselcuk.net/21-gunluk-calisma

Kaynakça

Atıcı, E. & Erer, S. (2010) *Selçuklu ve Osmanlılarda Müzikle Tedavi Yapılan Hastaneler*, Journal of Uludağ University Medical Faculty, Volume 36, Issue 1, 29-32

Caldwell, C. (2018) *Bodyfullness*, Shambala Publications, CO 80301

Campbell, S. & Grey, J. (2015) *Five-Minute Relationship Repair*, New World Library, Novato, CA 94949

Chödron, P. (2000) *When Things Fall Apart*, Shambala Publications, CO 80301

Emunah, R. (1994) *Acting for Real, Drama Therapy Process Technique and Performance*, Routledge Taylor and Frances Group, NY 10016

Feldenkreis, M. (2010) *Embodied Wisdom, The Collected Papers of Mosche Feldenkreis*, ed. by Beringer, E., Somatic Resources, CA 92103

Gersie, A., ed. (2007) *Dramatic Approaches to Brief Therapy*, Jessica Kingsley Publishers, PA 19106

Gibson, D. (2013) *The Complete Guide to Soundhealing*, Globe Sound and Consciousness Institute, CA

Halprin, D. (2003) *The Expressive Body in Life, Art and Therapy*, Jessica Kingsley Publishers, London

Heller, L. & La Pierre, H. (2012) *Healing Developmental Trauma*, North Atlantic Books, CA 94712

Kelemann, S. (1981) *Your Body Speaks its Mind*, Center Press, CA 94709

King, Juliet L., ed. (2016) *Art Therapy, Trauma and Neuroscience*, Routledge, NY 10017

Landy, R. (1994) *Drama Therapy, Concepts, Theories and Practices*, Charles C Thomas, IL 62794

Levine, P. (1997) *Waking the Tiger*, North Atlantic Books, CA 94712

Levine, P. (2010) *In an Unspoken Voice*, North Atlantic Books, CA 94712

Mahler, M., Pine, F. & Bergman, A. (1975) *The Psychological Birth of the Human Infant*, Basic Books, NY 10016

Malchiodi, C., ed. (2005) *Expressive Therapies,*
The Guilford Press, NY 10012

Masterson, J. (2015) *Personality Disorders Through
the Lens of Attachment Theory Neurobiologic
Development of the Self,*
Zeig, Tucker, Theisen, AZ 85016

Mayer, M. (2007) *Body Mind Healing
Psychotherapy,* Body Mind Healing
Publications, Orinda CA

Ogden, P. & Fisher J. (2015) *Sensorimotor
Psychotherapy,* W. W. Norton & Company,
NY 10110

Oğuzcan, Ü. (2008) *Aşka Dair Nesirler*, Everest Ya-
yınları-Şiir Dizisi

Pallaro, P., ed. (1999) *Authentic Movement Essays
by Starks Mary Whitehouse, Janet Adler & Joan
Chodorow*, Jessica Kingsley Publishers, London

Schore, A. (2003) *Affect Dysregulation and Disorders
of the Self,* W.W. Norton & Company,
NY 10110

Schwartz, R. (1995) *Internal Family Systems
Therapy,* The Guilford Press, NY 10001

Siegel, D. (2011) *Mindsight, The New Science of Personal Transformation*, Bantam Books by Random House, NY

Van der Kolk, B. (2014) *The Body Keeps the Score,* Penguin Books, NY 10014

Wallin, D. (2007) *Attachment in Psychotherapy,* The Guilford Press, NY 10001

YAZAR HAKKINDA

Hazal Selçuk, İstanbul'da Avusturya Lisesi'nden mezun oldu. Lisans öğrenimini Viyana Devlet Konservatuarı, devamında Boston Konservatuarı Müzikal ve Dans Bölümü'nde tamamladı. Yüksek lisansını hareket tiyatrosu üzerine York Üniversitesi'nde yaptı. (BFA, MFA).

Sahne üzeri ve gerisinde oyuncu, yorumcu, yazar ve yönetmen olarak çalıştı. Timur Selçuk Çağdaş Müzik Merkezi, Avusturya Lisesi, Bahçeşehir Üniversitesi, York Üniversitesi'nde oyuncular için hareket, ses, performans yapımı dersleri verdi. Öğrencileriyle özgün teatral konserler düzenledi. Doğu-Batı ve Bir Yağmur Damlası, Mağara Çiçekleri, Su Yeşili Hikâyesi, Tek Şarkılık Konser adlı solo oyunlarını yurt içi ve yurt dışında sahneledi.

Babası Timur Selçuk'la 25 yıl aynı sahneyi paylaştı. Yurt dışında çeşitli tiyatro gruplarıyla projeler yaptı. "Su Yeşili" ve "Gece" isimli iki solo CD çalışması bulunmaktadır.

Sanatı psikolojiyle birleştirme isteği, sanatsal yaratım süreci sırasında kendinde deneyimlediği fiziksel, duygusal, zihinsel farkındalıkla başladı.

Dışavurumcu sanat terapisi eğitiminin ardından, psikolojik danışmanlık yüksek lisans eğitimini

California Institute of Integral Studies'de tamamladı (MA).

Stajını Kaliforniya'da San Quentin Hapishanesi, Toplum Ruh Sağlığı Kliniği, Mülteci Merkezi, Bağımlılık Rehabilitasyon Merkezi, San Francisco Kaliforniya Üniversitesi Langley Porter Psikiyatri Hastanesi yetişkin acil servisinde tiyatro ve yaratıcı sanatlar terapisi uygulayarak sonlandırdı. Bu çalışmalarda yetişkin bireyler ve gruplarla çalıştı. Buna paralel olarak yine Kaliforniya'da çiftler için terapi eğitimini tamamladı. Sadece çiftlerle 3000 saat yüz yüze seans ve grup çalışmaları yaptı. Çalışma alanları bireylerde gelişim travması, çift terapisi ve beden ağırlıklı sanatla terapidir.

Hazal Selçuk lisanslı psikoterapist (LMFT), kayıtlı dışavurumcu sanat terapisti (REAT), kayıtlı somatik hareket terapisti/eğitmeni (RSMT/E), kayıtlı drama terapisti (RDT), kayıtlı gelişim travması terapistidir (NARM).

hazalselcuk.net

www.ingramcontent.com/pod-product-compliance
Lightning Source LLC
Chambersburg PA
CBHW022218050726
47590CB00002B/851